枫哥品性之一

性与政治

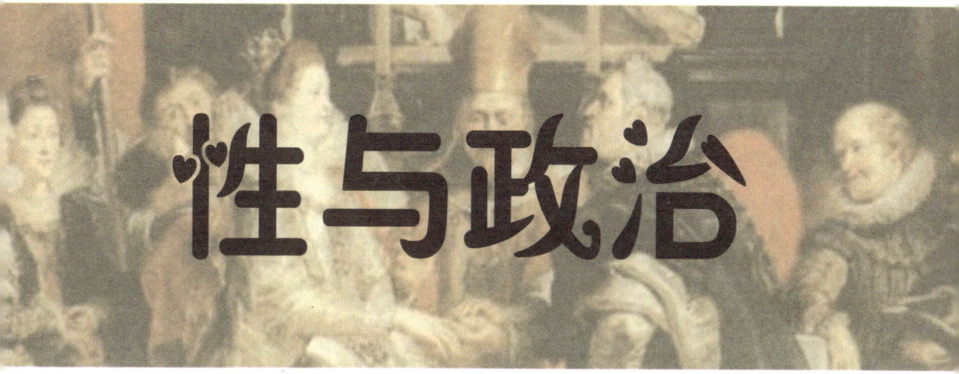

张枫◎主编

南方日报出版社
NANFANG DAILY PRESS
中国·广州

图书在版编目（CIP）数据

性与政治 / 张枫主编. -- 广州 : 南方日报出版社, 2011.11（2025.9重印）
（枫哥品性）
ISBN 978-7-5491-0266-2

Ⅰ. ①性… Ⅱ. ①张… Ⅲ. ①性学—关系—艺术—通俗读物 Ⅳ. ①C913.14-49②D0-49

中国版本图书馆 CIP 数据核字(2011)第 222215 号

XING YU ZHENGZHI

性与政治 张枫 主编

出版发行：南方日报出版社
地　　址：广州市广州大道中 289 号
电　　话：（020）87363865
经　　销：全国新华书店
印　　刷：广州市新怡印务股份有限公司
开　　本：889mm×1194mm 1/32
印　　张：3.125
字　　数：50 千字
版　　次：2011 年 11 月第 1 版
印　　次：2025年 9月第 5 次印刷
定　　价：20.00 元

投稿热线：（020）87360640　读者热线：（020）87363865

目录

序言

上篇

下篇

序言
政治的危险舞伴

□张枫

“人是天生的政治动物”，古希腊先哲亚里士多德的这句至理名言揭示了人的两大欲求：作为动物的人，最本能的欲求是性；作为政治的人，最原始的欲求是权力。“性与权力是人类最原始的自然力”，无论是男人还是女人，大都喜欢它们。

人有一种不同于动物的特殊心理，那就是越压制，越反抗。性与政治本身都是那种专属“见人羞、惊人问、怕人知”的禁忌领域，但禁忌因被禁止而变得更加诱人。男人对政治与性的兴趣，似乎比女人更加强烈。你越不让他们谈，他们就越想谈。男人的这种心理，就跟小孩看色情片一样，你越不让他们看，他们就越想看。你让他们天天看、时时看，肯定会腻。

当有人说“性是私人的政治，政治是公开的性”时，他似乎没有看到：政治斗争是最隐秘的性。当最具公共性的政治与最具私人性的性搅和在一起时，荒诞与笑声就产生了；当性丑闻与政治扯上关系时，似乎总能唤起人们的好奇心。美国乔治敦大学政府学教授米歇尔·斯沃斯说："政治、权力和性丑闻有一段漫长历史。"揽权、逐权和享权的人都无法避免卷入桃色丑闻的纷争。当性与政治扯上关系时，对性与政治都是损害。当性与政治结合时，"死亡游戏"就开始了。多少风情万种的女人，在与权力的博弈中成为政治斗争的牺牲品；多少风光无限的政客，在与美色的纠纷中葬送了自己的政治生命；多少王朝的政权，在性欲的放纵中倒台与覆灭；多少人性和欲望的阴暗，在权力与"畸情"中变得耐人寻味。

性是政客专属的一种冒险游戏。性与政治都是最敏感、最神秘的话题，最神秘的地方往往又是最惊险、最肮脏，但也最吸引人。男人天生就是爱刺激、爱冒险的动物。这种性格一半来自性欲的自发扩张，一半来自权力的强力刺激。"权力是一种催欲剂，也是一把保护伞，在某一领域坐拥权力经常意味着在另一领域拥有权力。" 国际货币基金组织前总裁卡恩可能以为他能摆脱性丑闻，意大利总理贝卢斯科尼似乎也这么以为。政治给了男人过多的权力，他们总是狂妄自大、自我陶醉以至于相信自己可以为所欲为。

性是政治的丑陋帮凶。英国阿克顿勋爵有句名言："权力导致腐败，绝对权力导致绝对腐败。"如果权力没有约束，权力就容易蜕变为权色交易。权、性永远是潜藏在政治腐败与阴谋中的两把尖刀，美人计也总是一种屡试不爽的政治陷阱。当权力肆无忌惮地贪恋美色时，暴力、阴谋与丑陋就登台了；当权力没有被囚禁在法律的笼子里，当性没有被套上道德的锁链时，天使就变成了魔鬼。

性与政治是彼此的终结者。在严肃的政治面前，脱离道德底线的约束，贪享一时之欢，成了多少男女侥幸而存的念头，但几乎没有几个幸运者可以逃脱情色陷阱和玩火自焚的悲剧。性让千方百计追逐权力的人彻底失去权力，让荒淫无度挥霍精气的男人彻底丧失能力。当男人肆无忌惮地用“大棒”征服女人的同时，也用“大棒”毁灭了自己。美色是权力的寄生虫，但是对于美色来说，权力是永远战胜不了它的。“人不能把权力、美色带进坟墓，但权力、美色却能把人送进坟墓。”权力和美色本是不相干的，但是当权力贪恋美色，它们就成了一对冤家。在复杂的权力斗争中，女人只不过是男人政治银幕上的玩偶；在权力与美色的博弈中，女人注定是贿赂品或牺牲品。西施、王昭君、梦露、莱温斯基等都逃脱不了这种命运。

政治是性天生的延伸物。一方面，对性的压迫与宽容都是政治制度的写照。乔治·奥威尔在著名的小说《1984》里写道：“性生活的剥夺能够造成歇斯底里，而这是一件很好的事，因为可以把它转化为战争狂热和领袖崇拜……什么游行，欢呼，挥舞旗帜，都只不过是变了质、发了酸的性欲。”对政治的狂热追求是源自于对被压迫的性的释放。另一方面，性是人类最原始的欲求和动力。有学者认为，人类社会的矛盾，往往是包含着性欲的斗争，而政治斗争乃是各种利益斗争的最高形式。当爱情的玫瑰遭遇了政治的无情时，对权力的渴望就变得更加热烈，因为“权力是最有效的春药”，“权力既可以是男人的伟哥，也可以是女人的催情剂”。无论是男性帝王，还是女性帝王，似乎都乐意在龙床上更换一个又一个情人，以此证明自己手中有着多么巨大的权力。但当他们摘下皇冠时，也只不过是常人，也有正常的需要，只是他们的需要超出了一般人所能承受的。一个女人再强大，也需要心灵的慰藉；一个女人再衰老，也需要激情的刺激。无论是拥有众多男宠的女皇武则天，还是从冷宫里走出来的俄国风流女皇叶卡捷琳娜二世，她们都是兽性和神性的结合体。

有人说，风流韵事只不过是身体的游戏，至多还是感情的游戏。爱情是政坛上的奢侈品，它要避开权力的攻击，它要面对公众的质疑。可是，爱情的花朵一旦绽放开来，有关政治的纷纷扰扰，似乎都阻挡不了它了。性与爱是没有任何一个权力能够忽视的资源，也是没有任何政治斗争可以控制和消灭的。男人征服男人，可以带来身心的快感；女人征服女人，可以带来虚荣的满足。但男人爱上男人、女人爱上女人却注定要面对世俗的压力。当性遭遇政治，大多数人选择的是逃避指责，但也不乏有痴男怨女的执著。本能的性与爱本身并没有性别的标签，政坛上那种火热的“断袖”之恋与“拉拉”之爱也变得不那么羞涩与隐秘了。同性之性与爱符合本能，符合自然，自然本身没有罪恶，性与政治本身也不是罪恶，罪恶的是那贪婪与变态的欲望。

情色丑闻总能掀起政治风暴。据说，在意大利政坛流行一个潜规则：“没有性丑闻就没有意大利政治。”决定政治家命运的是执政能力、治政绩效与诚实公正的品质，而不是情色丑闻。但政治人物管好自己的裤腰带也十分必要，决不能让权力成为情色的保护伞，因为权力是公共的、是人民赋予的，权力只有在阳光下运行，人民才能监督。

这本书既收录了充斥着风花雪月的政坛性丑闻事件，也有虚情假意的性贿赂、性间谍故事，还藏有饱含着真情实意、温馨动人的政坛爱情故事。它们也许让你会心一笑，也许让你唏嘘不已。在这里，你将看到人类最本质的两种欲望——性与政治——是如何地纠缠不清，人们把自己的表现欲、冒险欲和刺激欲都投注在这两件事情上面，造就了一个又一个离奇有趣的故事……

上篇

性贿赂最美丽的祭品

“艳色天下重，西施宁久微。”在古代美女中，首屈一指的当属西施，她的美令无数男人垂涎。西施，一个美人的代名词，一个“性贿赂品”的代言人。她的那些勾人心魄的性贿赂故事，成了中国古代政治史上性贿赂伎俩的最典型事例。

西施的美，在文人墨客的手中超越了时间与空间。“秀色掩古今，荷花羞玉颜。”西施，本是越国苎萝山（今浙江诸暨）村的一个“浣纱女”，天生丽质、光艳逼人。可西施怎么也想不到，自己的美竟然成为一种祸害。

西施本可以过着自由安宁的平凡生活，但越国一场战争的失败从此改变了她的命运。这一切，要从公元前494年说起。那年，越王勾践兵败于吴王夫差，勾践为保全性命，以图东山再起，被迫向吴国求和，甘当亡国奴。狡猾的吴王夫差为防止勾践他日复仇，便把勾践带入吴国作为人质。在吴国当人质的这段日子里，勾践过着奴隶一般的屈辱生活。他为了讨好夫差，对夫差言听计从，甚至为犯病的夫差尝大便以示自己的臣服和忠心，这让夫差十分感动。于是，他不顾大臣们的再三劝告，把勾践放回了越国。夫差没有想到这真是放虎归山留后患。

“忘记历史就意味着背叛。”勾践回国后，时刻不忘亡国耻辱。他一改先前骄奢淫逸的生活作风，整日卧柴床、尝苦胆警励自己，带领百姓苦心耕作。这就是著名的“卧薪尝胆”典故的由来。同时，他为了复仇，策划了“美人计”，命令大臣范蠡在全国搜罗美女进贡吴王，投其所好，以示臣服。送物只有正中其心才能击其心。

勾践在全国搜罗美女的消息，很快就传到了西施的村庄。当范蠡见到西施的那一刻，他目瞪口呆，“此女只闻天上有，人间哪得几回见。”西施进宫时，勾践见之，喜形于色，赞不绝口。正当勾践准备把西施奉献给吴王时，他最宠爱的一个妃子突然跑来对勾践说：“大王，西施虽然美丽，但不是真正的美女。”勾践不得其解。问其缘由，答曰：“真正的美女必须具备三个条件：一是美外貌，二是善歌舞，三是雅体态。西施只具备第一个条件，但不具有后两个条件，应该用心打造，方能送给吴王，达成目的。”勾践听后大加称赞妃子聪明，毕竟，女人光有美貌不行，还得有美技、美态，美貌最多只能“养眼”，而不能“养心”。于是，西施在范蠡的严格指导下，苦练舞姿、步姿、歌技、谈吐和礼节。三年时光过去了，说短不短，说长不长。昔日的朴素“浣纱女”成为了一名色艺双全、优雅动人的宫女，言行举止无不得体大方、修养有素，这令范蠡更加迷恋。三年来，他们的那些说不清道不明的故事也成了后世美丽的传说。

把西施美美地打扮一番，一切准备妥当后，范蠡奉命把西施送到了吴国。吴王见之大喜，相当满意。站在一旁的

▲西施，一个美人的代名词，一个“性贿赂品”的代言人。她的那些勾人心魄的性贿赂故事，成了中国古代政治史上性贿赂伎俩的最典型事例。

范蠡看在眼里、乐在心里。当勾践把西施进献给夫差表示自己的忠诚时，他实际上给夫差送的是一瓶“慢性毒药”。最能捕获男人心灵，也最能消磨男人意志的是女人的身体。此后，夫差为西施建春宵宫、筑淫池、设龙舟、盖灵馆，日日夜夜与西施嬉戏缠绵，西施擅“响屐舞”（传说是因为西施大脚的缘故），夫差便造舞廊供其作乐。当屐声、铃声与大缸的回声交织在一起时，夫差如痴如醉。逼死忠臣伍子胥，整日沉湎女色，贪图享乐，荒疏朝政，吴国日渐衰微，“国家兴亡自有时，吴人何苦怨西施”。

正当吴王沉迷于西施的肉体不能自拔时，越国经过近二十载的“高筑墙、广积粮”，国富兵强，该是洗雪耻辱的时候了。公元前473年，勾践率军大败吴军，并吸取吴没彻底灭越的教训，对吴王夫差斩草除根，灭了吴国。

吴亡之后，西施就不明不白地“蒸发”了，她的结局，也给世人留下了一连串的谜团。

【枫哥点评】

当一个女人捐出自己美艳的身躯后，她同时也捐出了自己美艳的生命。有人说西施是“忍辱负重”，也有人说她是“以身许国”，但没有人说她是“心甘情愿”。与其说她是“以身许国”，倒不如说她是“无奈地爱国”。给她冠以红粉蝶衣的名称似乎不适合，她没有阴谋诡计，也没有阴谋武器，却成了间接灭绝吴国的红颜祸水。她的美艳掩盖了背后的政治阴谋，她也成了性贿赂最美丽的祭品。

千古断袖第一对

说到对同性恋的称呼，不得不称赞汉语的博大精深：古有“断袖”“分桃”“龙阳”，今有“断背”“同志”，还能细分男的称“玻璃”、女的称“拉拉”，可谓五花八门，让人眼花缭乱。

若要追溯谁是第一对同性恋，可真有难度。有科学家说，从动物的同性恋现象来看，人类恐怕在还是猿猴的时候就存在同性恋行为了。这么看来，我们恐怕没有机会去寻找这具有历史意义的一对了。不过，要想寻找历史上较早一对被称为“断袖”的同性恋，我们还是可以考证到的，那就是西汉的董贤和汉哀帝。

西汉末期的汉哀帝刘欣是个比较倒霉的皇帝，从他的谥号“哀”便可以看出来。此人有治国之志，却无治国之才。尽管年少时有心力挽狂澜，但最终未成大事，还因后来几年的荒淫生活换来了“昏君”的评价。

汉哀帝和董贤第一次对上眼是在他即位两年以后，当时的董贤在宫中掌管计时的漏壶，也就是个看表报时的官。说来也怪，董贤在哀帝还是太子的时候就入宫当了太子舍人，

▲在看到董贤传漏报时的那一刻，隐藏在哀帝心中的断背情结显现出来了。

可哀帝当时并没起别样心思。不知是他年幼不通此道，还是当时的董贤没有长大？不管如何，在看到董贤传漏报时的那一刻，隐藏在哀帝心中的断背情结显现出来了。不过，他的态度还是很良好的，没有霸王硬上弓，只是柔声问："这不是舍人董贤吗？"董贤恐怕从未想过会有面对帝王问话的一天，也更没想到，哀帝这短短一句话，为他带来了别样的人生。

在哀帝的授意下，董贤成了黄门侍郎，从此平步青云，甚得圣恩。史载董贤"善为媚""性柔和"，是个性子温柔，像女人一般的男子。他被哀帝相中之后，常伴其左右。出门和哀帝同坐一辆车，入宫和哀帝走在一起，没事能领一捧小钱花花，亲爹还被升为光禄大夫。总之，两人如胶似漆，恩爱非常。有一回哀帝和董贤同寝，到了第二天早上，哀帝先醒来，一看袖子被董贤压住了。可董贤还在睡着呢，怎么办？哀帝不愿惊扰美人，竟轻手轻脚地用佩剑把袖子割断了——以"断袖"来形容同性恋，就是由此开始。

这事要是发生在现代，两情相悦，他人也不好横插一脚。可它偏偏发生在古代，事情的发展简直让人难以想象：董贤是董家的儿子，可不能让家里断了后。哀帝体谅他，将他的"妻子"列入宫中名册，随便出入，并且还腾出专门的房间供他俩居住！董贤也投桃报李，给哀帝牵线，把自己的妹妹介绍入宫当了昭仪。昭仪是什么？论尊贵，这可是仅次于皇后的嫔妃。一时间，董家是何等风光！

人说树大招风，可哀帝不懂，或者说，他觉得自己就是最大的一棵树，能帮爱人挡住所有的风。哀帝在和董贤干柴烈火的同时，不断为董家加官晋爵，甚至让董贤代替丁明出任大司马将军，当时董贤不过二十出头。匈奴单于来访，不免对这位年轻的大汉出任大司马将军感到奇怪。哀帝令翻译传话，说，我朝这位大司马，的确是很年轻，可他能力很强啊！

不仅如此，哀帝还做了一件特别拉风的事情。麒麟殿宴会上，他对王闳兄弟说：“我欲效法尧禅让舜如何？”这话的潜台词可了不得：他想把皇位传给董贤！也亏得王闳机灵，给他讲了一堆大道理，打消了这个荒唐的念头。

传位的事情是压下去了，哀帝和董氏兄妹继续亲亲热热，过着好日子。可惜好景不长，他在位仅仅7年就死了，年仅25岁。几乎可以确定，他的死与常年纵情声色有关。更有人怀疑，他根本是服用春药过量致死的。不管怎么说，这样的死法，确实当得起一个“哀”的谥号。

可怜董家这一大家子，以前风光的时候不是没人想动他们，而是有皇帝罩着，大家动不了。现在可好，哀帝一去，不久董贤也自缢随他而去了。他究竟是抱着怎样的心情自杀的呢？有人说，他确实对哀帝存着一份感情；也有人说，他不过是想到失去靠山，畏罪自杀了。这其中种种，我们不得而知。可以看到的是，董家随着哀帝和董贤的死去，也轰然倒塌。

这千古以来第一对“断袖”，便以这样凄惨的结局收场。

【枫哥点评】

一段千古流传的同性恋情，两个注定无望相守的人。当这份奇情湮没在历史的长河中，当史学家一次次把他们说成是“荒淫无道的昏君”与“以色事人的佞幸”，我们已经很难弄清楚，汉哀帝与董贤究竟是一段情真意切的爱情，还是一段再普通不过的权色交易。男人征服男人，可以带来身心的快感；但男人爱上男人，却注定要面对世俗的压力。一个是君，一个是臣，无论他们做出了多少让步，等在他们前面的，都只是一幕悲剧。它可能与性别无关，仅仅是因为，政治容不下这种另类的爱情。

落雁美人出塞和亲

昭君出塞的故事千古流传，她作为一位女性对维护汉朝和匈奴的长期稳定所作的贡献有目共睹，亦是一段流传不衰的佳话。

二八年华，天生丽质的王昭君弹得一手出神入化的琵琶，作为南郡首选，她被汉元帝遍选秀女的告示带进了繁华的京城长安。

宫女进宫，要由画工画像呈献给皇帝过目，然后才有幸得见君颜。为了容貌能在画工的妙笔下楚楚动人，勾起君王百般怜爱，宫女都会重金贿赂画师。王昭君因自恃貌美，不肯贿赂画师，结果绝世美貌便被封尘在一张张千娇百媚的姣容里。从此被贬冷宫五年，无缘面君。

彼时，呼韩邪单于怀着感激再次到达长安，请求和亲以结永久之好。呼韩邪单于曾在匈奴争权夺利的烽火中败走光禄塞下，听取大臣谏言跟隔河相望的汉朝和好，成为第一个到中原朝见的单于。汉宣帝亲自迎接并举行盛大宴会盛情款待呼韩邪单于，还应单于要求安排万名骑兵护送其回漠南，且送去粮食解救饥荒。汉元帝时，汉朝派兵击败呼韩邪哥哥郅支单于，呼韩邪单于的地位得以稳固。

以往和亲都是公主或者宗室女儿，汉元帝却决定挑选一名端庄贤淑的宫女和亲，吩咐宫人传话："谁愿意到匈奴去，皇上将赐公主荣耀。"皇宫俨如一座金碧辉煌的樊笼，困住了宫女们的一生，尊卑礼仪如无形的枷锁禁锢了她们的人身自由。可即使是重获渴望已久的自由、飞出重重宫墙的机会就在眼前，她们还是没有勇气背国去乡。

天资聪颖的王昭君宁愿远赴荒漠也不甘心皓首宫中，于是自愿和亲。王昭君连一颦一笑都让呼韩邪单于对汉朝心生感激，单于结永久之好的决心何等坚定不言而喻。

临辞仪式中，呼韩邪单于要偕王昭君谢恩，汉元帝看到昭君面若芙蓉，身段窈窕，风情万种，心生难舍之情。想留下美人在侧又怕失信于人，只能忍痛割爱将不甘化为源源不断的黄金美玉，陪伴着这位顾影徘徊的美人踏上边塞之路。

传说心中懊恼不已的汉元帝回到内宫，叫人寻来王昭君的画像，发现画中人与本人娇媚可爱的模样相去甚远，一怒之下，把画师送上了断头台。

王昭君离开花红柳绿的中原千里迢迢远嫁匈奴，塞外寒风刺骨，思乡心绪难平，她在坐骑上情不自禁地拨动琴弦，琴声凄凄，离别愁绪在凛冽寒风中让美人愈加顾影谁怜。南飞大雁也在忘情中落卧在地，呼韩邪单于更是对她怜爱有加。从此"落雁"成了王昭君的雅称。

抵达王庭那天，处处透着喜气，牧民们兴高采烈。得此汉廷绝色美人，呼韩邪单于难掩心中雀跃，整天欢饮作乐。对貌美如花又冰雪聪明的王昭君百般迁就，封她为"宁胡阏氏"。因王昭君思乡心切而常常泪湿沾襟，呼韩邪单于更是不厌其烦地想方设法博取她的欢心。为了报答汉朝的恩典，

▲与其说画师的一笔误终生，成了扭转王昭君人生的舵手，还不如说她以智慧和勇气逆转了命运的齿轮，成就了生前身后名。

呼韩邪单于还不远千里遣使给汉朝送去大批玉器、珠宝和骏马，甚至上书愿意保卫边境，安抚民心，共享太平。

在汉朝，对王昭君念念不忘的汉元帝为排解日益加深的思念，便依照王昭君的意思，接其父母兄弟到长安妥善安置，赐田宅。可是在思念与懊恼的煎熬下，汉元帝抑郁成疾，初夏时节在榴花耀眼中崩逝。

呼韩邪去世后，王昭君曾上书汉帝要回归故土，但最终还是再嫁下一任单于，单于对花容美妻更加怜爱。王昭君远离故土，长居匈奴，不仅劝说单于远离战争，还把宝贵的中原文化传授给匈奴，缔造了匈奴和汉朝和睦相处，边塞烽烟熄灭五十年的太平历史。

【枫哥点评】

作为两族和亲的功臣，王昭君本是政治交易的牺牲品。与“四大美人”的其他三美不同，王昭君是以功绩卓越的功臣形象永垂青史。与其说画师的一笔误终生，成了扭转王昭君人生的舵手，还不如说她以智慧和勇气逆转了命运的齿轮，成就了生前身后名。若王昭君仅凭倾城美色一朝得宠，胡作非为，一定会背负祸国殃民的骂名，落得香消玉殒的下场。

女人也“三妻四妾”

翻开中国的历史画卷，女子为帝独绝武则天。她续了唐朝的繁荣昌盛，也改写了中国女人的历史。自古以来，男子为帝皆嫔妃成群，女子为帝理应男宠万千。但在男权统治的封建社会，女人招纳男宠并不是一件光彩的事情。武则天到底拥有多少男宠，也成了中国历史上人们津津乐道的花边传奇。

武则天14岁入宫，因貌美深得太宗垂爱，被赐名为“媚”。此时的媚娘含苞欲放，情窦初开，但她性格骄横，太宗喜欢的女性是贤德大度、温顺娇柔的，武则天自然得不到赏识。作为一个女人，她想要满足自己的情欲和权欲，需要借助一个听命于自己的男人。机遇总是偏向有准备的人。有一次，太宗病重时，作为太子的李治进宫侍奉汤药，见媚娘长得美丽动人，不禁春心荡漾，两人眉目传情，借机偷欢于宫内僻静处，缠绵不舍，她也由此成为太宗皇帝父子俩共同的女人。

太宗死后，武媚娘被护送到感业寺出家。武媚娘入寺为尼之后，高宗李治对其念念不忘，然新君即位，无暇与她幽会，更无适当理由召她入宫。好在中宫王皇后与萧淑妃不合时宜的争宠给了高宗一直想找的理由，他趁机将武媚娘召入宫中封为昭仪。随着宫廷斗争愈演愈烈，武则天不再满足于做个昭仪，她要做中宫的主人，不惜亲手闷死自己的女儿，栽赃王皇后，终得如愿。

高宗去世后，武则天在政治斗争中获胜当上我国唯一的一位女皇帝，之后便在后宫广招男宠，她特别宠爱冯小宝，任命他为内侍，夜夜与他鱼水之欢。为了让冯小宝在宫中来去自由，就赐他姓薛，改名怀义。薛怀义也是太平公主的情夫，母女二人共用一男。薛怀义得宠后，不仅骄横傲慢，还到处包养情妇，太平公主嗤之为市井无赖之徒。武则天得知，也难以容忍他的骄横，渐渐冷落了他。

此时，武则天喜欢上了新宠——御医沈南璆，他的“床术”毫不逊色于薛怀义。薛嫉妒之下，放火烧掉了耗资巨大的万象神宫。日后，气焰更加嚣张，令武则天厌恶之极，最终没逃过劫数，被乱棍打死。

薛怀义死后，已过中年的沈南蓼虽温和儒雅，但身心虚弱，满足不了武则天的需要，七十多岁的她又陷入了寂寥烦躁之中……

太平公主见母后无男宠寻欢，便主动将自己的情夫张昌宗、张易之兄弟二人引荐给武则天。这两兄弟年轻俊美、皮肤白皙、身体健壮、毫无瑕疵，是典型的绝色美男。武则天见之，喜形于色，验过身后，相当满意，立即将兄弟俩一并纳为男宠。

二张把武则天服侍得神飞魄荡，很快就获宠得势。他们权倾朝野，甚至插手武则天的政务，在宫中奢靡残暴。朝中大臣实在看不惯他们的嚣张气焰，狄仁杰劝谏武则天说：“这有累皇上的盛名。”武则天已经沉溺在春水的享乐中，哪里还听得进劝谏，反而肆无忌惮。有时竟当着心腹丫头上

▲权力是男人的伟哥，也是女人的催情剂。

官婉儿的面与二张兄弟在床榻间交欢。情窦初开的婉儿也无法抵挡张昌宗姿容秀美的引诱。一天，婉儿与张昌宗秘密幽会，不巧被武则天撞见，她十分气愤，拔出金刀，直刺婉儿前髻，要不是张昌宗替婉儿求情，婉儿性命不保。

二张在后宫骄宠专横，在朝中结党营私、迫害忠良、干涉朝政，最终引起众怒，终于在公元705年，被朝中大臣策动的宫廷政变所杀，82岁的武则天也在病榻上被“请”下御座。这个半个世纪以来政治斗争中的常胜将军，最终也没逃过悲剧性的命运。失去了权力支撑、缺少了性爱滋润的她身心崩溃，不久便病逝于龙床上。至此，一代女皇的风流性事戛然而止。

【枫哥点评】

“权力是男人的伟哥，也是女人的催情剂”。权力是最有效的春药，在权力的刺激下，她久伏的生理欲望一次次被激起。一个女人再强大，也需要心灵的慰藉。摘下皇冠的武则天，其实也不过是一个正常女人，也有正常的需要，只是她的需要超出了一般人的想象。在一个男尊女卑的封建社会，也许我们难以接受女人宠幸男人，但武则天虽违常规，却并未太损她政治家的形象。

扑朔迷离的性侵案

多米尼克·施特劳斯-卡恩的风流史，在法国可谓无人不知无人不晓。这位国际货币基金组织前总裁有过3次婚姻，4个孩子。他的现任妻子安妮·辛克莱是知名电视节目主持人，也是法国家喻户晓的“万人迷”。然而，和两位前任一样，这位活泼迷人的妻子没能压得住他心中那把激情的火焰。

卡恩素来精于猎艳，被媒体冠以“伟大的引诱者”的头衔，“以表彰他在激发婚外激情中作出的伟大贡献”。面对这样的头衔，他镇定自若，而夫人辛克莱更是难得的“宽容大度”，她说：“卡恩是政治人物，政治人物需要魅力。”

有着这样的风流史，又有着一位“豁达”的夫人，想必卡恩的日子一定混得不错吧。不过，这一次，他栽了一个大跟头。

2011年5月的一天，卡恩走入美国索菲特酒店房间的浴室，准备沐浴驱散倦意。此时的他尚不知道，几分钟后，走进这个房间的一个女人，将要改变他的政治命运。

当天，酒店女服务员奥菲利亚致电纽约警方，语调凄婉地声称遭到卡恩的性侵犯。她说，下午1点多，她步入卡恩的房间准备进行日常的清洁工作，不料卡恩赤身裸体地从浴室走出，看见她之后，把她扔在床上，试图与她发生性关系。奥菲利亚奋起挣扎，但几次都被卡恩摁住，幸运的是，最终，她成功地逃了出来。

纽约警方迅速行动，很快便把正要乘飞机回巴黎的卡恩抓获。面对警方的行动，卡恩仅仅是在警察掏出手铐时问道："有必要吗？"回答他的是毋庸置疑的口气："是的，有必要。"——谁能料到，这副小小的手铐，不仅铐住了卡恩的双手，还铐住了他的政治生涯。

卡恩被捕的消息迅速传遍了全球，这位向来桃色新闻缠身的政治人物，又一次陷入巨大的争论当中。争论的焦点无非是：这个性侵案，是真，是假？"伟大的引诱者"究竟是遭遇了猎艳史上的"滑铁卢"，还是陷入了一场政治阴谋？

有人认为，事情证据确凿，而卡恩本人前科累累，犯下这样的事，不足为奇。法国的女性对此尤为愤慨：她们认为，法国政坛长期漠视政要们的性丑闻，是时候让全世界人知道，即使是浪漫的法国，也不能容忍这样的事情！

而另一些人却嗅出了阴谋论的味道。有人感到疑惑：在美国，大酒店里常常有专门的老鸨，通过隐蔽的电话为那些按捺不住内心激情的政要牵线搭桥。卡恩何至于把手伸向一位酒店女服务员？也有人刻薄地问道，服务员奥菲利亚今年32岁，来自几内亚，她究竟有何等的国色天香，以致卡恩化为饿狼呢？更有人直指美国：卡恩主张的世界金融体系改革，可不正是瞄准了美元的霸主地位吗？这事又恰恰发生在美国，难道这是特意设下的"仙人跳"？

敏感的时期，敏感的人物，敏感的情节。案子变得扑朔迷离起来。

▲"英雄难过美人关"，在今天的欧美，政界要员更是常常栽在"美人"这一关。

服务员奥菲利亚成为至关重要的人物。人们对这位突遭横祸的女性表示极大的同情。这是一位远赴美国打工的贫穷女子，她温柔善良、辛勤工作。她的声声控诉，都直指卡恩仗权施暴。

卡恩在重重压力之下递交了辞呈，但他却否认被控的罪行。他信誓旦旦地声称，在奥菲利亚描述的所谓“事发时间”里，他正同女儿共享午餐，他没有作案时间。他那位一向“大方”的贤内助也再次更新她的人气博客，声明自己相信丈夫是清白的。

紧接着，报警的女服务员奥菲利亚的形象被媒体颠覆：这位不久前还博得大众同情的女性，突然变成了供词前后矛盾、行为可疑的女人。警方甚至了解到，她和涉嫌贩毒、洗钱的社会人士有联系。

案情又一次陷入了僵局。

政坛里，用美女给人下套已是屡见不鲜，设计一个“强奸案”也不是难事，奥菲利亚的行为无疑使人们联想到这样的事，舆论随之倒向卡恩。

7月1日，由于奥菲利亚的种种可疑行为，卡恩被允许保释，为此他支付了共计600万美元。然而这并不能为他带来更多收获，他已经失去了IMF总裁的位子，同时，他曾为参选法国总统造足声势的活动也功亏一篑。

酒店的房间里究竟发生了什么？人们已经无从知晓。虽然最后卡恩被撤销一切指控，但是人们仍免不了猜测，卡恩的政治生涯，是否就要就此终结。

【枫哥点评】

“英雄难过美人关”。在今天的欧美，政界要员更是常常栽在“美人”这一关。政治一旦与性扯上关系，似乎总能激起民众最大的八卦之心。男人常常误以为自己有足够的能力与运气避开公众的视线，却不知道，作为一个政要，丑闻无所谓真假，只要碰上了，就难免要摔跟头，区别只是倒小霉还是倒大霉罢了。也许，管好自己的“裤腰带”，应该成为政界要员的一项重要行为准则。

枯木有春，宦官有性

树木枯萎了，有回春变绿的时候；宦官阉割了，本没有“回春返照”的时候，但历史上就有被阉割之后依然可以淫乱宫廷的“宦官”。有我们所熟知的嫪毐，更有明末权阉魏忠贤。人们津津乐道的是他与明熹宗的乳母客氏的淫乱之事。

客氏18岁时，面似桃花，腰如杨柳，体态丰腴，被奶子府选送入宫，一开始她只是明朝乾清宫管事太监魏朝的“菜户”。所谓“菜户”就是宫廷中帮助宦官洗衣做饭、聊慰寂寞的宫女，也就是我们今天所说的“临时老婆”。天长日久的这种“夫妻”式的生活使他们的关系变得更加不一般了。

魏朝是伺候并保护明熹宗朱由校的太监，可谓是皇帝身边的大红人，而客氏是朱由校的乳母，仗着这种特殊关系，很快他就升官了。升官之后，魏朝忙昏了头，宦官魏忠贤便乘虚而入。魏忠贤本来就在魏朝名下做事，一来二去，早就瞧上了客氏。作为乳母的客氏乳房丰满，性欲极强，当她得知魏忠贤的性能力比魏朝强时，便转向魏忠贤求欢。魏忠贤给魏朝戴了一顶大大的绿帽，这事早已在宫中传得沸沸扬扬，都在等着看笑话呢，可是魏朝却被蒙在鼓里。

▲一旦宦官与掌握宫廷权力的女人发生情事或性事之后，这种情或性就会蜕变成可怕的政治阴谋和政治巨变。

纸终究是包不住火。一个人再笨，对这种丑事也应有所察觉。过了好久，魏朝才如梦初醒：自己曾经舍身救下来的这个“魏哥”，原来是个白眼狼！魏朝气不过，把怒气指向客氏。可哪里知道，客氏当场就与魏朝翻了脸，两人竟不知羞耻地对骂起来。事情都已经败露了，魏忠贤也应该表个态。此时的客氏，正是得宠得势，魏忠贤心里几番掂量后，便毫不犹豫地一脚踹了没有多大利用价值的老弟，公开跟客氏结成了一对。

魏朝对此怀恨在心，他思量着要是逮住这对狗男女一定不饶他们。机会终于来了，某日时近午夜零点，乾清宫西阁那边传来魏忠贤与客氏打情骂俏的浪笑，魏朝恰好路过，凑近一听便气血满喷——“卵蛋虽然没有了，可是自尊心还有”。他一脚踹开门，直奔魏忠贤去，揪住他挥拳猛打。二人你一拳我一拳，那魏忠贤虽年纪大点，但身手敏捷得很，几拳不到就把魏朝打了个眼乌鼻青。魏朝见势不妙，转过身拽起客氏就跑，魏忠贤也不甘示弱，跟在后面强撵。二人撕扯辱骂着，一直打到乾清宫外，惊动了已经入睡的熹宗。司礼监掌印太监卢受、东厂太监邹义、秉笔太监王安等也都被惊醒。

“什么人敢这么大胆，三更半夜大闹皇宫？”明熹宗穿起衣服来到大殿内，被惊醒的太监已守候在两侧，二魏双双跪在御前听候处分。几个知情的太监对熹宗说：“纷争由客氏起也。”明熹宗虽只有16岁但一听就明，他不仅不生气，没准儿心里还在偷偷乐着呢，于是态度和蔼地对一旁哭泣的客氏说：“客奶，只说谁替你管事，我替你断。”有了皇帝替她撑腰，客氏敢于直面表态了。她早就厌恶魏朝的“狷而薄”，喜欢魏忠贤的“憨而猛”。明熹宗当即把魏忠贤判给了客氏。落魄的魏朝一看风向不对，便连忙哀求客氏不要太绝情。此时，站在一旁的王安实在是看不下去，暗地里骂他不争气，狠狠扇了魏朝几个耳光，借机把他调离了乾清宫。

一个被阉割的宦官到底身上有什么东西能让客氏如此着迷？据说，魏忠贤当年给自己做的“手术”不彻底，留有余根，性功能还表现不俗，魏忠贤就用这点献媚客氏，而客氏在后宫的淫乱是出了名的。

谁也没有料到，本是一件宫里太监的“家务事”，竟然决定着明末政局的变动和几个当事人的命运。几个在场的太监各自回去后，也许觉得此事真是好笑。不过，巨变就从这一夜开始了！魏忠贤第二天假传圣旨，把曾经的情敌魏朝发配到凤阳，中途派人对他下了毒手。从此，客氏与魏忠贤便毫无避忌地亲密往来，他们的淫乱更是肆无忌惮。明熹宗也敌不过奶娘客氏的娇纵，凡事都依着她，还封她为“奉圣夫人”。魏忠贤操控了客氏，明熹宗自然也就落在他的掌控之中了，从此，明廷内外，“只知有魏忠贤，而不知有陛下”。

【枫哥点评】

没有性的爱是干枯的，没有爱的性是荒诞的。不管是宫女还是太监，他们都在追求自己的性或爱。太监虽失去性的能力，但并没有失去性的需要，只是这种需要往往是病态的。一个似男非女的太监魏忠贤，其身体是不完整的，心灵也是残缺的。一旦宦官与掌握宫廷权力的女人发生情事或性事之后，这种情或性就会蜕变成可怕的政治阴谋甚至引发政治巨变。

被“奶牛”推倒的香港高管

2007年7月5日，对Coco来说，是自己欢场工作中很平常的一天。当她晚上8点多走进MUSTKARA，房内只有两名男子和三名女士。Coco认识其中一名男子A是城中富豪，因此她笑得更甜，进来就为众人跳5分钟艳舞。

Coco是整个场子内的红牌，她不仅身材好，人称“奶牛”，舞也跳得极棒。在其他一百多位“同事”中，别人是一晚一两千港元，而她公开的身价是跳一支舞15分钟，收3000港元。

Coco的衣服十分性感，动作也很狂野，其间曾把胸围吊带迅速拉开，丰满的乳房乍现人前，引得众人赞叹，这时，与A在一起的另外一位男士，用手指弹了一下她的胸，那是相当的猴急呀。不过这种场子里，Coco见过太多的男人都是这样表现，也没什么厌恶的表情。

跳完舞后，这位猴急先生二话不说便抱住她，手按住她的胸部不肯放开。并给了一万块，让她跳个全裸艳舞。

这个晚上，猴急男士表现很疯狂，先是跟Coco猜谜，又玩大话骰，输了就喝酒。无奈运气不佳，猴急男饮下不少酒。借酒放任，人更疯狂，那双手很不规矩地在Coco胸腰之间乱摸。

Coco对自己的身材相当自信，太多的男士皆臣服于此，只是没想到，这位男士玩了不足一小时，提议去宵夜。这让Coco很为难，她只与谈得来的客人出去的，这位嘛？好像还说不上……想到富翁A，Coco最终还是同意了。

没想到踏出歌厅后发生的事改变了Coco的一生……

歌星钟镇涛大概想不到，自己在酒吧内的一场迷你秀，能把香港的高管给拉下马来。

说起来，鬼都不信。

钟镇涛虽已过气，但作为香港首位公开申请破产的艺人，依旧颇具话题性。因此还是有不少传媒记者埋伏在楼下，等其出来。

就在这时，有家周刊的记者往另外的方向看了看，愣了下后，很快反应过来。他看到有位中年男人挽着一名艳丽女郎从酒吧里面走了出来。这对男女有说有笑，女的身材十分丰满，操着很不地道的广东话。

其他记者同时目击了这一幕。正挽住艳丽女子的中年男子略有醉意，对大批记者的出现显然没反应过来，只懂得蹲下躲在女伴身后，以便避开传媒镜头。最让记者无语的是，中年男子忙乱间还拿走女伴的棕色假发，转身冲入一间餐厅，举止那是相当的狼狈。全过程被记者一一拍下。

Coco相当奇怪，不明白记者和身边男子的反应为何都是如此之大。作为一名跳艳舞的女郎，她曾经不止一次被记者偷拍过，但从来没有上过封面。这封面，不是随便一个年轻女孩想上就能上的。

然而，第二天，Coco发现自己成了货真价实的封面女

▲政治人物，在性方面更要洁身自好啊。

郎，还是全城几十家媒体共同的封面女郎。

这一切都是缘于身边的中年男子的身份，他叫朱培庆，是香港广播处长。

第二天，朱培庆通过同事，就5日晚面对记者时反应“失措”向公众致歉。不过民众并不接受，更有人说朱是嫖客云云，有网民将陈奕迅的《裙下之臣》的影像部分恶搞，音乐部分不变，图画内容改为桃色事件。

眼见事态失控，7月9日，朱培庆向香港特区政府表明，希望尽早离职，并对艳女事件表示歉意。同日，特区政府正式批准。其间，朱太太刘家馨因朱培庆的桃色事件而辞职。

媒体对艳女Coco也采取穷追猛打的姿态，跟踪偷拍，企图挖出更多猛料。甚至香港某主流媒体出价10万港元从各方收买Coco新闻。

Coco倍感压力，跑到外地。港媒充分发挥八卦狗仔精神，又把精力放在Coco身边同事身上，希望得到更多爆料。

到了内地，Coco竟片约不断，各种演艺活动接踵而来，最后惊曝被导演徐兢以1000万元的天价签约。简直比一线女艺人还吃得开。

【枫哥点评】

一场艳女门，两个当事人，一个身败名裂黯然下台，一个身价倍增合约不断，再次说明民众和舆论对政治人物的性道德要求比普通人苛刻得多，这也是很多政治人物的性丑闻背后多有阴谋味道的重要原因。朱培庆的下台，虽是特例，但深层次说，躲得过政敌，躲不过狗仔，躲得过狗仔，最终还是躲不过命运。政治人物，在性方面必须洁身自好。

“香烟局长”的“香艳日记”

2010年2月28日晚，对韩峰来说，注定是一个不眠之夜。他不能再像往常一样继续写自己的“香艳日记”。因为今天日记已经被人捅到网上去了，一篇题为《老婆，韩局长叫你出去开房》的帖子让他一夜成名，也把韩峰推到了政治风暴的浪尖。他万万没有想到，一本日记彻底粉碎了他的生活，他的政治命运也将因一本日记而改写。

东窗事发之前，韩峰的生活一直很滋润，每天过着陪人喝酒、唱歌、玩女人的快活生活。官场上也平步青云，从广西来宾市烟草局局长爬到广西烟草专卖局销售处处长，完全靠的是自己的光辉业绩。虽然也有过几次受贿，但那不到五位数的数目与巨大的贪官相比，只是冰山一小角。这些受贿经历，韩峰都在日记中真实地记载了。看起来，这个局长真是个“好干部”。

此时的韩峰俨然一副被捉奸在床的狼狈形象。他苦苦思索着这个发帖的“含仙子”是怎么得到自己的日记的。平日里，他一向为人低调谦和，待人彬彬有礼，也没跟什么人结怨。其实，韩峰在烟草系统素有“秀才”的美誉，颇得领导

▲权、钱、性永远是潜藏在政治腐败中的三把尖刀。

和同事的赞赏。“权”“钱”“色”总是构成官场腐败的“铁三角”，韩峰亦不例外。他思来想去，终于如梦初醒，难道是那些与他有着暧昧关系的女人？一想起那些令他销魂的女人，他顿时神情舒缓了很多。和他有过性关系的女人实在是很多，他依稀记得最熟悉的就是那五六个，其中阿芳、小盘和自己的关系最为亲密。2007年12月31日，他在日记中对这一年与那些女人的故事做了一个年终总结：“今年玩女人上，终于玩了，又和小盘玩上了，还固定地和阿芳玩，还有个小莫待玩，今年真是交了桃花运，女人多了就要注意身体。”

此时，韩峰回忆起看过他日记的人只有阿芳一个，但是阿芳和自己的关系亲密得如同“夫妻”，她不可能这么做。因为这样做，对她没有任何好处，只会让她也跟着身败名裂。韩峰深知，性隐私对于女人来说比对男人更加重要，因为女人从来就是性丑闻的牺牲品。想到这里，他嘘了一口气，思绪也渐渐地转到他与阿芳的那些事……

韩峰清楚地记得与阿芳的关系是从2007年8月20日开始的，那天阿芳送他回单位宿舍，结果她大胆地吻了他。此后，二人关系飞速发展，常在他的宿舍、国际大酒店偷情，有时在阿芳的家里。阿芳完全是一个浪荡女，就连结婚前一天还要跟他发生关系。韩峰在2007年9月26日的日记里写道：“晚上阿芳要和我做，她29号要结婚了还要和我玩，看来这个女孩真是太野了！”“三更半夜五更鸡，正是男女好事时”，50多岁瘦弱的韩峰折腾了一整宿，一点也不感觉累。男人的性能力似乎跟年龄没有必然的联系，倒是与权力、金钱欲望有很大关系。

国大这个宾馆，对韩峰来说就如同自己的家。那里留下了他和阿芳太多的美好故事，不管是白天还是夜晚，他们一有时间就在这里翻云覆雨，他记不清到底有过多少次，只记得很多次晚上都是缠绵到天亮。阿芳也是非常“敬业”，2007年9月18日和19日的日记中，韩峰甚至记载了阿芳为他提供口交的服务，因为那两天正赶上阿芳来月经了。2008年2月至6月30日的日记还显示，阿芳曾为韩峰堕胎：“2月26日，阿芳说她有了小的，她也想打掉，是要打掉，不然太麻烦……3月4日，今天阿芳发信息来说在医院做了。”

难道是自己的妻子偷看并泄露了日记？这也不太可能。因为他没有把家当成宾馆。他不舍弃情人，也不冷落妻儿，是个典型的顾家男人。“日记内外的他，有着典型的双重人格。”

“香艳日记”的泄露到底是源自情人丈夫的报复，还是妻子的愤恨，抑或是政治权力的斗争，真真假假，难以辨明。信息时代，没有人可以抵挡住网络舆情风暴的袭击，韩峰注定是这舆情风暴下的倒霉鬼。“日记门”最终以舆论监督胜利的姿态完美谢幕，等待韩峰的将是冰冷的铁窗和手铐。至于阿芳，没有人去关注她的命运如何，她注定又是政治腐败的牺牲品。

【枫哥点评】

“娶妻莫娶烟草女，嫁人莫嫁烟草人。”韩峰事件后流行的这句话与其说是对韩峰之流腐败堕落的挖苦，不如说是对官场色狼的嘲讽。权、钱、性永远是潜藏在政治腐败中的三把尖刀，官吏的性丑闻并非单纯的个人问题，而是事关大众利益的公共问题。“日记门”之所以能成为一时的热点话题，是因为人民群众希望官员的德行能经得起考验。

下篇

群“淫”荟萃

成群杂交、家族淫乱，我们总认为那是未开化的原始野蛮人才有的行为，但文明发达的古罗马却淫乱成风。政治是公开的性，而性也是公开的政治。即使在性开放的我国汉唐时代，淫乱也只是个人行为，还没有变成一种社会现象。

古罗马君主为了方便众人淫乱，建立了许多大浴场，在那里男女混杂共浴，女人根据男人的下体猜测着每个男人的身份和地位，浴场俨然堕落为淫荡之所。古罗马帝王在宴请宾客时总喜欢将赤裸美丽的妻妾供客人观赏和抚摸，连一向严肃的哲学家、政治家西塞罗也一边进食，一边爱抚着女人嫩艳的肉体。

本是起源于性崇拜的节日在古罗马逐渐演变成淫乱活动。每年在给神女弗罗拉举行的祭祀庆典中，20万妓女身着半透明的薄纱衣裙，袒胸露乳，涌向街头。最引人注目的是，数百名妓女用拖绳拉着一把载着一个庞大而坚挺的阳具的巨大花束，把它置放在一个仿制的弗罗拉神的阴户内。当阳具和阴户进行狂热的媾合后，她们就在圆形剧场的舞台上举行露骨的表演。在这期间，妓女们还为男子提供免费的

“维纳斯之服务”。

古罗马的君主们在战场上征服了无数男人，也在床上征服了无数女人。这种扩张好战的欲望本就来源于无法释放的性欲。众人皆知的恺撒大帝就是有名的淫乱之君。古罗马流行一句话：“罗马人，把妻子藏好啊！因为著名的色魔秃头恺撒将要凯旋了。”恺撒一生四次换妻，还与毛里塔尼亚女王、庞培等人的妻子有过艳史。他不仅淫乱他人妻子和未婚少女，而且同样嗜好男人。对于男子，他有更多的洁癖：一定要把全身的体毛剃干净，手脚也要洗干净，也许这与他少年时代的恋童有关。

“政治辉煌人称赞，生活淫乱终成憾。”古罗马帝政时代的淫乱、残酷，由提庇留帝揭开序幕。提庇留帝的性欲很强，也很变态，他玷污了许多年轻的奴隶，甚至拔除他们的牙齿，命令他们用齿龈部分啃他的阴茎。他还在克普里岛上的别墅中搭建了一个供年轻男女淫乱的舞台，经常在那里玩着男女乱交的“指环”游戏。当欲望膨胀到无法控制的时候，欲望就将是自我毁灭的武器。最终，提庇留被更荒淫残暴的卡里古拉用被子活活闷死。

古罗马帝政的第三任皇帝卡里古拉的荒淫众人皆知，他在少年时期就奸污了自己的亲妹妹朱西拉，当他登上帝位后还整夜和她同床。卡里古拉当起了“皇宫妓院”的老板，他在宫殿里布置了一长排豪华的小房间，然后把一些达官贵人的妻子和子弟安排在那里，撮合他们淫乱，那乱交场面，令人瞠目结舌。只要是他看上的，就把她带进寝宫加以玩弄。当夜晚来临，他就去罗马城中抢夺年轻貌美的女子以供自己凌辱，有时连哑剧演员也不放过。一个人什么地方犯罪，什么地方就遭罪。荒淫无度的卡里古拉最终落得被近卫军割掉阳具的悲惨下场。

▲文明发达的古罗马淫乱成风。政治是公开的性，而性也是公开的政治。

“光天化日淫乱，花前月下问柳”，这就是古罗马帝王尼禄的生活写照。尼禄的淫乱最广为人知的是他与生母朱利安·阿格里比娜的乱伦关系。尼禄20岁时娶了同父异母的妹妹奥达维亚，他不仅冷淡了母亲，还痴迷上了性感艳丽的女奴，甚至想和她结婚。阿格里比娜气急败坏，为了让儿子改变心意，她竟一丝不挂，引诱尼禄掉进她的情色陷阱，并许诺给他一大笔财产。阿格里比娜虽然成功了，但尼禄却在淫乱的歧路上越滑越远。他为了迎娶一个绝世美女波芭亚，竟设法毒死了自己的母亲和妻子。当一个人的性欲放纵到不顾血脉亲情时，他就敢冒天下之大不韪。此后，尼禄利用特权为所欲为，夜晚，他化着装强奸年轻妇女，猥亵青年男子，如有反抗就成为他的刀下鬼。他挖空心思来发泄那畸形的性欲，经常玩一种淫乱游戏：“他身披兽皮，从笼中窜出，扑向被绑在柱子上的男人女人，乱抓咬他们的阴部。”他的荒淫最终令元老院忍无可忍，落得个乱鞭抽死的下场。

“权力和性是人类最原始的自然力。”权力给古罗马帝国皇帝带来了欲望的放纵，也直接导致了他们的覆灭。

【枫哥点评】

尼禄说：“无论男女，没有一个人的身体是贞洁的，只是大部分人将自己的丑恶作了巧妙的掩饰而已。”如果性是一种原罪，那每个人就都是罪人。当权力没有被囚禁在法律的笼子里，当性没有被套上道德的锁链时，天使就变成了魔鬼。权力、纵欲导致人的心理失常，而扭曲的人性又会使他们进一步纵欲与施暴。古罗马皇帝的淫乱显然没有什么文明、更没有任何美感可言，只是一种肉体上的堕落，一种人性的丑恶和阴暗。

嫁给英国的童贞女王

提起伊丽莎白一世，人们便不由得想起波澜壮阔的英吉利帝国时代。正是这位高傲的女王，带领英国走向了前所未有的繁荣强盛。她一生中追求者众多，也遇到过令她倾心的情人，但她却以戴在手上的婚戒宣誓嫁给英国，并且多次棒打鸳鸯。围绕在她身上的谜团，时常引发后世千奇百怪的猜测。

伊丽莎白的童年步步惊心。她的父亲是著名的亨利八世，一个频繁更换王后的昏君。他最大的事迹是为了取得离婚再娶的权力而下令让英国改信新教。亨利八世在性事上的荒淫，以及他对几任妻子的残暴，都成为伊丽莎白心中挥之不去的梦魇。

那段灰暗的童年里，继母简·塞穆的哥哥托马斯曾给她带来一些玫瑰色的幻想。这位花花公子式的年轻男子凭着俊朗的外表、深情的表白，几乎就要俘虏伊丽莎白的芳心。但是他旁若无人的示爱举动给伊丽莎白的名声造成极坏的影响，王宫中的流言蜚语迅速扩散开来。更不幸的是，隐藏在他那饱含爱意的表白背后的，是他对王权的贪图。很快，他以叛国罪的名义被逮捕。伊丽莎白在这场政变中也饱受牵连。

亨利八世去世以后，宫里的局势变得更加紧张。弟弟爱德华六世和姐姐玛丽的争斗异常残酷，尽管伊丽莎白想方设法使自己不那么显眼，玛丽还是在夺权后把她投入伦敦塔。在那里，伊丽莎白邂逅了一段此生中最为浪漫的感情。

罗伯特·达德利和伊丽莎白相识于微时，他们在狱中耳鬓厮磨，互诉心声，两个年轻灵魂彼此依靠。这段非同寻常的爱情成为伊丽莎白那段艰难时光中唯一的支撑。

1558年，玛丽死去，伊丽莎白获得了王位继承权。

加冕后的伊丽莎白迅速地把达德利提升为御用马夫，以便两人朝夕相处。不久以后，达德利晋升为莱斯特伯爵，伊丽莎白更是让他搬到靠近王宫的寓所。他们最美好的故事都发生在那里：年轻的女王和达德利一边享受着鱼水之欢，一边在众人面前扮演着合格的君臣。也许他们床头的呢喃细语传不出宫墙，但敏感的人们还是发现了女王对达德利伯爵非同一般的态度。西班牙驻英国大使在记录中感叹道："达德利伯爵深受宠爱，无论他想做什么都会得到满足。据说女王陛下随时都会驾临他的居所与他相会。"女王是如此地倾心于达德利，甚至不惜屈尊扮成女仆走到他旁边，以期给他一个特别的"惊喜"。在这段暧昧不清的宫廷逸事中，人们常常忽略了一点：达德利伯爵事实上是一名有妇之夫。

令人惊讶的是，伊丽莎白女王在沉溺爱河的同时又谨慎地保持了某条底线：她回避结婚的问题，也不愿意留下任何子嗣。在女王背后的是整个英国，没有人能抵挡住这个诱惑，从各国前来的求婚使者络绎不绝。当所有人都认为这个毫无治国经验的女王应该首先寻找一位合格的丈夫时，她却戴上婚戒，对众人说："我已经献身于一个丈夫，这就是英国。"

伊丽莎白就是这样获得"童贞女王"的称号的。尽管她

▲这是一个把权力与性坚定地区分开来的女王，在她的一生中，没有寝宫里的声色犬马，也没有环绕在身边的众多情人。

的童贞大概在某个情不自禁的夜晚献给了达德利伯爵，但她终身未婚，也未留下任何子嗣。

伊丽莎白不仅拒绝与本人有关的婚姻，对她来说，身边一切与爱情、婚姻有关的东西，都是她的敌人。这位以政治手段闻名的女王，同样以她与爱情的“势不两立”而闻名。

伊丽莎白的侍女必须经她本人恩准才能成婚，但女王总是吝于给出这样的恩赐。曾经，侍女阿伦德尔带着天真的期盼向女王讲述她对一位男子的爱意。只要父亲应允，她就可以步入婚姻的殿堂了。出乎大家的意料，伊丽莎白竟答应为阿伦德尔讨一张准婚文书。这个喜讯几乎让她幸福得晕厥过去。但是，没等她盼来允婚的消息，伊丽莎白就召见这位年轻的侍女，告诉她自己已扣下准婚文书，她不但发誓不会让阿伦德尔得到它，还斥责她：“已经迫不及待地要跨入蠢货的行列！”伊丽莎白不止一次做出这种棒打鸳鸯的事情。亨利八世对她留下的巨大阴影，似乎被她延续到周围的人身上。

这位嫁给英国的“童贞女王”，以坚韧而矛盾的做派，给后世留下了数不清的谜团。

【枫哥点评】

她上台时，接手的是一片混乱、负债累累的弱国；她去世时，留下的是国库充盈、飞速发展的英国。纵观古今中外，女王不止伊丽莎白一个，但是如此公开地摆脱对男人的依附，靠着自己的坚贞经营起一个大国的女王，恐怕仅此一个。这是一个把权力与性坚定地区分开来的女王，在她的一生中，没有寝宫里的声色犬马，也没有环绕在身边的众多情人。伊丽莎白确实如自己所言，把终身献给了英国。无怪乎后世以玫瑰作为她的纯洁象征——柔弱，却又坚韧。

“冷宫”里走出来的风流女皇

1745年，16岁的德国小公国公主叶卡捷琳娜嫁给了17岁的俄国皇位继承人彼得。此时，谁也不曾想到，日后她将一步步踏上皇位，成为俄国历史上少数可称得上“大帝”的女皇。她风流成性，纵情声色，她那藏在宫闱中的艳史，几乎与她创下的功绩一般，为后世所津津乐道。

从叶卡捷琳娜嫁入王室起，她便要忍受彼得那被天花毁去的相貌、那古怪的性格以及他的性发育不健全。这个男人从新婚之夜起就对妻子视而不见。他时常摆弄他的玩具士兵，热衷于用它们进行打仗游戏，却不肯与妻子同睡。为了掩饰自己在性方面的不足，他在外找了一个又一个情妇，还总是想方设法让妻子知晓。

可怜的叶卡捷琳娜，她还是正值芳龄的少女，生理与心理上的冷落，如同将她打入冷宫。她度过了数不清的孤枕难眠的夜晚，满腹辛酸无人诉说。可是，她没有因此成为深宫怨妇，在那些无人陪伴的夜晚，她学会了用书籍驱赶寂寞。也正是因为这份坚强与刻苦，叶卡捷琳娜成为了日后彪炳史册的博学君主。

婚后第八年，伊丽莎白女皇已经不对外孙的出生抱有希望了。她开始建议叶卡捷琳娜寻找情人。在当时的欧洲，拥有情人十分正常，而且几乎是贵族互相攀比的重要内容。叶卡捷琳娜遇到了她的第一位情人——谢尔盖·萨尔蒂科夫。这位英俊潇洒的男子，让叶卡捷琳娜第一次品尝到爱情的美好，她沉溺其中，献出了自己保存多年的童贞……两人拥有了第一个孩子，彼得竟也承认了这个孩子拥有皇位继承权，这就是后来的保罗一世。

尽管受到多年冷遇，此时的叶卡捷琳娜还是风华正茂的年纪。这只出笼的小雀儿，凭借着渊博的知识、动人的容貌和灵活的社交手段，赢得了更多情人的欢心。不少官员，比如年轻的禁卫军军官格里戈利·奥尔洛夫，不但成为她石榴裙下的一员，也成为她的心腹。1762年，伊丽莎白女皇去世，留下遗诏让彼得即位。她未曾想到的是，叶卡捷琳娜在奥尔洛夫兄弟的帮助下，很快发动政变，把政权从这位毫无执政能力、刚上台便因种种愚蠢的决定激起民怨的皇帝手中抢夺过来。

称帝后的叶卡捷琳娜开始施展她的政治才华，同时也开始放纵她对英俊男子的渴求。有人这样评价她："她简直不是女人！她活活是个女妖！"也许是被她的魅力折服，更可能的是为了她手中的权力，年轻男子们对女皇的床趋之若鹜。不过，叶卡捷琳娜的口味非常挑剔，她手下有一批专门的女官，为她选择合适的面首。年轻男子们必须通过血统、相貌、体魄和谈吐能力的审查，才有机会造访女皇的睡床。

叶卡捷琳娜的情人中，最负盛名的首先是奥尔洛夫——他在女皇的夺权中功不可没。那段同甘共苦的岁月本应使他们的感情日益深厚，但年轻的女皇却开始对他感到厌烦。病急乱投医的奥尔洛夫干出了一件大蠢事——试图破坏俄土和

▲叶卡捷琳娜名动天下的一生始终为艳名所累。

谈，这让女皇伤透了心，奥尔洛夫因此失宠。这时，叶卡捷琳娜遇到了格里高利·波将金——她中年时期最倾心的男人。

波将金比叶卡捷琳娜小10岁，经奥尔洛夫引荐，成为女皇的入幕之宾。他浑身散发着野兽般的阳刚气息，叶卡捷琳娜疯狂地爱着他。她为波将金写下了诸多的情书，称呼他为“丛林雄狮”“我的大理石美人”“我亲爱的小鸽子”……她饱含感情地写道：“我身体的每一个细胞都在渴望你。哦，你这个异教徒……我就是你的‘喷火女郎’，但是我不得不努力掩藏我的火焰……”她仿佛陷入热恋一般，不能自拔。波将金不仅以出色的个人魅力吸引了女皇，他甚至比奥尔洛夫更为豁达地为女皇推荐新的面首。不仅如此，他凭借卓越的军事才能，驰骋战场，为女皇开辟俄国的疆域。

波将金战死后，叶卡捷琳娜还拥有过很多面首。她在与伏尔泰的通信中，毫不掩饰地承认自己对漂亮脸蛋的“忠诚”。

叶卡捷琳娜名动天下的一生始终为艳名所累，但是，在俄国历史上，恐怕没有哪一个女皇能像她那样，用一张奢华的大床，网罗住一个个与国家命运息息相关的人才。

【枫哥点评】

她是被艳名所累的一代女帝。政治上，她才能卓越，手段高超；寝宫中，她风情万种，热烈奔放。人们常常忘记，她也曾是远嫁他乡的无助少女。当对爱情的玫瑰色憧憬遭遇了政治的无情，一个柔弱的少女要经过多少的努力，才能从束缚中挣脱，登上权力的巅峰？但人们更乐意对她的情史津津乐道。性，仿佛天生是政治的延伸物。无论是男性的帝王，还是女性的帝王，似乎都乐意在龙床上更换一个又一个情人，以此证明自己手中有着多么巨大的权力。

“乌鸦”色诱首相夫人

说起间谍，人们自然而然地会想到那些金发碧眼的性感女郎，久负盛名的苏联克格勃美女间谍更是为人所熟知。可让已退休的杜班斯基将军引以为豪的，不是任何一只兼具智慧和美貌的克格勃“燕子”获取的至关重要的情报，亦不是哪位大名鼎鼎的政客如愿以偿地下马倒台。他曾踌躇满志地声称，他的谍报生涯中“最伟大的壮举”，就是策划克格勃“乌鸦”勾引挪威前首相基哈德森的夫人费尔娜。这起掺杂了性、情报、政治的间谍案被曝光后，顿时舆论一片哗然。

基哈德森是挪威民众最爱戴的首相之一，他能力非凡，担任过四任挪威首相。除了声名在外，他还有一位年轻貌美的妻子叫费尔娜。让克格勃蠢蠢欲动的正是这位风情柔媚的首相夫人，因为与其他国家相比，她的感情天平一直向苏联倾斜。

克格勃的间谍行动瞄准了费尔娜，并非出于作为华约和北约两大组织的创始国的敌对情绪，而是克格勃窥视到挪威在北约中保持中立态度相对较多，决定把亲苏的首相夫人作为猎物，达成利用挪威政府对北约造成影响的企图。

▲间谍通过色相相诱，设置情色陷阱的招数屡试不爽。

1954年，担任挪威工党青年团领导人的挪威首相夫人费尔娜率代表团对苏联进行友好访问。克格勃当然不会错过这个期盼已久的机会，对于年轻貌美的费尔娜，还有什么比智貌双全的“乌鸦”更容易让她缴枪投降呢？

处心积虑的克格勃派出风度翩翩的贝尔雅可夫以接待导游的身份接近费尔娜，贝尔雅可夫凭着精湛的心理揣摩技术和炉火纯青的挑逗让首相夫人心泛涟漪。而这对于克格勃间谍组织精挑细选出来的“乌鸦”是轻而易举的事情。

眼看费尔娜的行程将要结束，贝尔雅可夫费尽心思在她踏上归途的前一个晚上，安排了一个浪漫而醉人的约会。在事先精心布置的房间、迷离的灯光和柔和的音乐旋律中，贝尔雅可夫如愿以偿地把漂亮的首相夫人揽入怀抱。一番甜言蜜语之后，善于色诱的贝尔雅可夫便把已经被撩拨得春心荡漾的首相夫人俘获。当首相夫人满心欢欣地享受着贝尔雅可夫的激情爱抚时，房间的某个秘密角落，窃听器和特殊的远红外线摄像机已经将这一切都记录了下来。

俨然已经成为贝尔雅可夫俘虏的费尔娜，是让基哈德森成为第一位受克里姆林宫邀请的北约领袖的功臣。费尔娜回国后，贝尔雅可夫有的是让费尔娜对其思念成狂的伎俩。经不起贝尔雅可夫的百般柔情，见面的欲望无法抑制地膨胀，最终费尔娜说服了丈夫偕其访问莫斯科。

而克格勃手握费尔娜的罪证，为了继续实施其阴谋，把费尔娜牢牢困在情色陷阱里，克格勃亲手把贝尔雅可夫送往苏联驻挪威大使馆工作。距离上的近水楼台，贝尔雅可夫与费尔娜频频幽会，旅馆和费尔娜的私人小公馆成了他们的秘密花园。

每次幽会，费尔娜都会在贝尔雅可夫的温柔陷阱里情不自禁地向他道出一些他感兴趣的国际国内情报。为了获取更多更有价值的情报，贝尔雅可夫还装出一副郁郁不得志的愁相，暗示他只有在情报上做出成绩，获得上司的青睐，才能在大使馆里摆脱碌碌无为的命运。此时的费尔娜已经沦陷在贝尔雅可夫的情欲陷阱中，在纵情享乐的同时也开始忘情地帮助他。这就是杜班斯基觉得此次阴谋是壮举的原因，因为“无论是谁，纵有天大本事，也绝无可能探听到北约成员国之一挪威政府首相坐在高靠背椅上或躺在澡盆里的说话内容”。

但好景不长，虽然贝尔雅可夫外表出众，却是无酒不欢，经常酗酒，两人之间开始有了争吵。费尔娜在情欲消散后逐渐冷静了下来，深知长此以往，事情必会暴露而成为轰动国际的惊天丑闻，这段地下“恋情”终于在秘密维持了三年后画上句号。

虽然苏联克格勃并没有达成此次“乌鸦”行动的目的，但是并非无功而返。苏联通过费尔娜提供的情报，对挪威在北约中的地位及其在一些国际事务中可能采取的立场，甚至对挪威本国的发展和权力组成结构都有一定的了解。

【枫哥点评】

间谍通过色相相诱，设置情色陷阱的招数屡试不爽。历史上女色诱惑是频频使用的招数，男色诱惑也未少之。在严肃的政治面前，脱离道德底线的约束，贪享一时之欢，成为了多少男女侥幸而存的念头，也成为政客互相利用的把柄。英雄难过美人关，美人难敌情郎心。只是此心未必是真心，到头来难免情意两空，身陷囹圄中。

一女与二兄弟的畸形艳事

“你说出一个英雄的名字，我就可以给你讲一个悲剧的故事。”肯尼迪兄弟的悲惨故事无疑可以佐证美国著名作家菲茨杰拉德的这句名言。约翰·肯尼迪被誉为美国历史上最年轻、最有作为的总统，他殷勤的笑容令众多美国妇女迷恋。然而，他也被公认为是最风流的美国总统，据说，这位魅力四射的总统拥有的情人比白宫的房间还要多，漂亮女人像走马灯似的围着他转。

风流政客身边总不缺风流韵事。据说，他把对尼克松的竞选胜利归功于与脱衣舞女布莱兹·斯塔尔进行的“赛前热身”。那时，斯塔尔的未婚夫正在酒店的一个舞厅举行派对，肯尼迪却与斯塔尔躲在隔壁的小储藏室偷欢。

他身上总是散发着浓浓的女人味，最传奇的风流韵事莫过于他与美国电影史上的性感女神玛丽莲·梦露的那段离奇故事。这一切要从1961年的那个夏天说起，那时，美国“第一夫人”杰奎琳正在东海岸度假，她没想到，约翰·肯尼迪的一夜风流竟成了逃不掉的劫难。那天，约翰·肯尼迪在妹夫彼得·劳福德家举办的一场晚会上认识了梦露。他们顿时激情燃起，两人迫不及待地溜出灯火辉煌的客厅，躲进一间大卧室……之后，梦露就同这位上任才一年的美国总统频繁约会，他们或是在希尔顿大酒店里共度春宵，或是在裸露的沙滩上甜蜜交欢。

从那以后，梦露变得不能自拔，她对肯尼迪的爱炽热又疯狂，不仅经常打电话到总统办公室，还经常戴着假发和墨镜，手拿一本速记本，乔装肯尼迪的秘书混迹白宫。他们时而在夕阳的余晖中挽手漫步，时而在总统的卧室里嬉戏缠绵，如胶似漆地度过了一段美好时光。

但这种偷偷摸摸的关系总归不是长久之计，梦露开始思考她的未来，也幻想过与肯尼迪结婚。肯尼迪甚至曾向她许诺，他会与夫人杰奎琳离婚，然后明媒正娶她为“第一夫人”。经历过三次失败婚姻的梦露并没有绝望，依然单纯地对肯尼迪的话信以为真，她已经为肯尼迪的魅力迷晕了。

肯尼迪怎么也没料到第一次与梦露在劳福德家里的那场激情戏竟然被黑手党发现。聪明狡猾的肯尼迪意识到自己同梦露的对话有可能被窃听，便无情地拒绝了梦露的一切要求。毕竟在他心里，妻子杰奎琳气质高雅，而梦露只不过是他的“又一个玩偶”。肯尼迪不是厌倦了，而是从一开始就没把这段露水情缘当真。于是，他委派自己的弟弟、司法部长罗伯特·肯尼迪从中劝说梦露不要有任何非分之想。罗伯特不但劝说不成，反而成了梦露的又一个“俘虏”，也加入了这场危险的游戏。当罗伯特得知梦露有了他的孩子后，便选择只身而退。同样逢场作戏的罗伯特显然不会为了一个“傻瓜美人”断送他的政治前途。

政客的爱情，短暂得就像清晨的露珠。约翰·肯尼迪早已对梦露失去了兴趣，弟弟罗伯特也不再对她着迷了。在政治

▲在政治游戏的舞台上，女人不仅是男人的玩物，也是政治的玩物。

游戏的舞台上，女人不仅是男人的玩物，也是政治的玩物。可是，傻傻的梦露还沉浸在肯尼迪兄弟的谎言和美梦中，还没有意识到，自己已经走在政治游戏的死亡边缘。

遭受了一连串感情挫折后，梦露的精神几近崩溃。她找到罗伯特，并威胁如果不答应她的要求，她就把与他们两兄弟见不得人的秘密公之于众。罗伯特一反往日的温情，警告梦露以后别再纠缠他和约翰。

梦露彻底从美梦中醒来了，她变得绝望无助。1962年8月5日——梦露生命中的最后一天，她神秘地裸死在自家的床上。从她最后的遗容上，我们已经看不到那生前风情万种的梦露，她留给世人的最后一个印象是香消玉殒。这到底是“为情自尽”还是一场有准备的“政治阴谋”，我们不得而知。

当政治与性沾染在一起时，“死亡游戏”就一幕一幕地开始上演了。死亡就像一个魔咒，萦绕着肯尼迪家族。一年后，约翰·肯尼迪总统遇刺身亡。五年后，作为总统候选人的罗伯特·肯尼迪也在加州洛杉矶惨遭暗杀。

最终，这段扑朔迷离的畸形三角恋情以一连串的神秘死亡告终，留给世人的是挥之不去的连绵魅惑。

【枫哥点评】

梦露之死众说纷纭，肯尼迪遇刺也迷雾重重，这是一个悲剧。男人喜欢漂亮性感的女人，但男人似乎更喜欢权力。当政治与性沾上关系时，不仅损害了性，更玷污了政治。性与政治本身不是罪恶的，罪恶的是那无尽贪婪而又邪恶的欲望。多少人性和欲望的阴暗，便在权力与畸情中，变得耐人寻味。

相爱本无罪，拉拉情何堪？

“如何让我遇见你？在我最美丽的时刻……”

有这样的一对恋人，她们相逢时，已经各自度过了人生最繁花似锦、轰轰烈烈的年月。但她们却被对方那经岁月洗涤的灵魂吸引。茫茫人海中，她们相遇、相知、相爱，最后选择相守。

冰岛总理约翰娜·西于尔扎多蒂出生于1942年，她年轻时美貌动人、身材高挑，轻而易举地通过了冰岛航空公司的招聘，成为一名空姐。在这段岁月里，她遇到了一位银行家，两人坠入爱河，一起步入婚姻的殿堂。这段时光想必是快乐的，1972年，他们拥有了第一个孩子，5年后，第二个孩子也出生了。西于尔扎多蒂的事业也步入正轨，凭着过人的聪慧与干练，她成为工会负责人。

然而，也许是受家族参政的影响，这位成功的空姐没有满足于一份吃青春饭的工作，她开始考虑别的领域。1978年，西于尔扎多蒂成功当选冰岛议员，从此走上了从政之路。政坛的道路充满险阻，与此同时，她的家庭，也出现了裂痕。年轻的心容易燃起爱情的火焰，却也同样容易熄灭。

西于尔扎多蒂的第一次婚姻，也是目前为止仅有的一次异性恋婚姻，走到了尽头。

婚姻失败，但西于尔扎多蒂在政坛上却慢慢顺风顺水起来。她竞选冰岛社会民主党主席失败后，自行创建了全民运动党。新的党派在她的努力下逐渐壮大。

许多年里，西于尔扎多蒂习惯了孤身一人，在政坛上奋战。她关心的是许多人不曾关注的弱势群体，她面对的是许多男性也难以承受的风浪。她忘我地工作，婚姻似乎已经成为遥远的过去。

不过，爱情总在不经意间来临，就在这时，西于尔扎多蒂遇见了乔尼娜·莱奥斯多提尔，她未来的另一半。莱奥斯多提尔比西于尔扎多蒂小12岁，是冰岛著名的小说家、剧作家兼记者。这位高产的作家笔下流淌出许多广受欢迎的作品。她曾与一名政治家结婚，育有一个儿子。和西于尔扎多蒂一样，这是一次不幸的婚姻。

两个有着相似经历的女人，曾经动人的容颜已经苍老，曾经懵懂的心也已成熟，岁月在她们的身体上、灵魂上留下无数的痕迹。但是，正如杜拉斯笔下的那段话一样，“与你那时的面貌相比，我更爱你现在备受摧残的面容”。这个年纪的她们，不再轻易为那些绚烂而转瞬即逝的事物所感动，在她们眼里，只有对方那满载生活印记的灵魂。

她们相爱了。

2002年，同居多年的西于尔扎多蒂和莱奥斯多提尔登记办理民事结合，成为民事伴侣。这是目前少数国家承认的一种公民关系认证，它代表一种类似于婚姻的民事状态，给双方提供一定的法律效力。这种关系既适合不想步入婚姻殿堂的异性恋者，也适合无法登记同性婚姻关系的同性恋者。

▲与异性恋相比，同性之爱，不得不承受更多的风雨。

收获爱情的西于尔扎多蒂并没有就此隐退，相反，她的事业越发顺畅。2008年，冰岛遭遇金融危机重创，她的支持率不降反升。到了2009年，她攀上了事业的高峰——当选冰岛首任女总理。

西于尔扎多蒂是幸运的，冰岛人民对一个同性恋总理没有太多的非议。对他们而言，一个能够解决问题的总理才是最迫切的需要，至于这位总理的性取向如何，不过是一个无关紧要的小话题而已。更幸运的是，2010年6月，冰岛通过立法，承认同性恋婚姻，守候多年的两人喜结连理。也许，法律上的关系转变没有给她们带来生活上的实质转变，但是，这意味着她们的爱情得到了法律的承认，也意味着彼此拥有最庄严的承诺。

爱情的滋润，好像使西于尔扎多蒂更富有工作激情了。不过，作为一名政治家，她和爱侣还必须承受许多风浪。不是每一个地方的人都像冰岛人民那样，对她的性取向给予宽容的态度。婚后三个月，她偕爱人赴丹麦访问，当地的一位党派领袖拒绝和她们共同出席晚宴。原因很简单：该党派反对同性恋婚姻。

相爱本无罪，但是，选择了同性恋这条路，尤其是，步入了政坛这个地方，西于尔扎多蒂和她的爱人莱奥斯多提尔还需要携手共度更漫长的岁月。

【枫哥点评】

在某种程度上，政治人物与娱乐人物何其相似。在媒体和公众面前，他们的一举一动、一言一行都被放到显微镜下检查，仿佛他们没有隐私，也没有秘密。与异性恋相比，同性之爱，不得不承受更多的风雨。未来的日子里，这对奇女子也许还要面对更多的挑战。爱情是政坛上的奢侈品，性偏好是个人行为，它要避开权力和利益的攻击，它要面对公众的议论与质疑，考量的是她们的智慧。但爱情的花朵一旦绽放开来，有关政治的纷纷扰扰，似乎都阻挡不了它了。

性感小猫拉开总统的裤裆门

她，一个长相一般却性感十足的白宫实习生；他，一个因为“性”这个敏感字眼而声名远扬的美国总统。有一天，她拉开了他的裤裆门，没想到这一拉就差点把他拉下总统的宝座。她，一个女强人的代名词，却对丈夫连绵不断的绯闻表现出极大的容忍。一个是他隐秘的情人，另一个是他名正言顺的妻子，为什么她们都围着这个男人转？他到底有什么样的魅力？

他就是家喻户晓的美国前总统克林顿。在他主政白宫的8年时间里，一方面政绩斐然，另一方面却绯闻不断。他热衷于政治与竞选，也同样擅长捕获异性的芳心，可是每段韵事都好景不长，大都以女孩的失望而告终。或许是他更喜欢政治，或许是他没有遇到他的真命女郎，直到遇上了希拉里，他昙花一现的韵事才变得热烈浓艳。

也许从一开始，克林顿与希拉里的结合注定是一场政治的图谋，因为双方的兴趣都似乎在政治上。其实，早在克林顿竞选总统之前，他的风流韵事就已传到希拉里耳边，而她只是对丈夫的政治前途一味地庇护。如果没有1998年莱温斯

▲当男人用下半身思考时，他的上半身注定要撒谎。

基的性丑闻爆出，没有人能够理解希拉里的痛苦与无奈。

那是1996年，当时克林顿的白宫“暂时休假”，实际上是共和党把持的国会为了预算问题与白宫抗争，冻结了联邦开支，许多政府雇员都被告知暂时不要来上班，造成了包括白宫在内的许多政府机关成了空空荡荡的冷衙门。就是在这样一个背景下，克林顿和白宫实习生莱温斯基邂逅了。

他们的特殊关系开始于一次非正式晚会。此后，他们便偷偷摸摸地开始了不正当的往来，白宫的椭圆形总统办公室甚至也成了他们发泄性欲的地方。

莱温斯基其实是一个占有欲很强、虚荣心很重、脾气又不好的女人，她甚至常对着总统发泄自己的嫉妒与不满，而克林顿多情放荡的外表下却是别样的细腻，他总是耐心地倾听她的唠叨并给予温暖的关怀。看起来，他喜欢这个姑娘的野蛮与无礼，她常常当面喊他“总统伙计”，生气时骂他“讨厌鬼”。可以看出，这位50岁的潇洒总统并没有把莱温斯基仅仅当作用之即弃的“性玩具”，而是对这个青春活泼的女孩有种特别的依恋与需要。

她也完全被他迷住了，每天闲着的莱温斯基一天最愉快的时刻就是等待“英俊先生”的电话。电话长谈成了维系并且加强他们之间感情的纽带，也是他们最安全的交往方式。他们在电话中谈情说爱，也在电话中做爱，克林顿时常说些黄色笑话逗她开心。按捺不住兴奋的莱温斯基把与总统交往的内容透露给了密友琳达·崔普，她想不到，这个惊天秘密的谈话竟被琳达秘密录了音。这场持续18个月的激情又刺激的性爱关系最终还是没能瞒天过海。东窗事发后，疯狂的美国媒体甚至还直接报道了他们相互口交的细节。

当男人用下半身思考时，他的上半身注定要撒谎。一开始克林顿断然否定与莱温斯基有染，在公开场合，他都坚决宣称自己和莱温斯基没有性关系。克林顿之所以能理直气壮地撒谎，理由是“自己只是接受服务的一方，因此不算有性关系”。但录音带以及莱温斯基的详细日记已经是铁证如山，当莱温斯基把最重要的证物——一件沾有总统精液的蓝色睡袍——呈现给法官时，克林顿的谎言也最终被揭穿了。化验结果出炉后，总统不得不低下高贵的头颅，对全国人民发表电视讲话并致歉，承认自己和莱温斯基曾经有过“不正当”的交往。

1998年12月，掌握国会多数的共和党人发起对总统的弹劾案。最终，在经济至上的大环境下，卓越的政绩使他逃过了因为绯闻而引发的弹劾。美国人民比较一致的理由是：“一个性欲超强的总统应该能力出众，他可以把美国继续推向前进。”而对希拉里而言，这段岁月简直就是炼狱。她为了竭力消除性丑闻对丈夫仕途的影响，不惜一切代价为克林顿提供帮助。要是没有希拉里，美国顶多会多一个花花公子，但却会少一个风流总统。

【枫哥点评】

“一个女人扬名似乎是快乐的，但是她的扬名带给她的却不是快乐”，莱温斯基注定是一个悲剧。政治给了男人过多的权力，以致他们总是狂妄自大而不能好好善待那些爱他们的女人。“绝对的权力导致绝对的腐败”，如果权力没有约束，权力就容易蜕变为权色交易。所幸克林顿并没有利用职权搞权色交易，也没有替莱温斯基及其家族谋取私利，他们只是偏离了情感和婚姻应有的轨迹。这场最轰动的桃色新闻，让我们见证了一场不堪的政治和爱情。

好莱坞风流政客

不止一次陷入桃色丑闻的美国梦“代言人”施瓦辛格是一位备受争议的政客，要细数他的那些毁誉参半的事迹是件颇费笔墨的事情。而他传奇式的人生在他自行引爆“桃色炸弹”，断送25年幸福婚姻后，再次冲上了风口浪尖。

人们知道“施瓦辛格”这个名字，最先并不是因为他是任期达7年的加州州长，而是一部轰动世界的《终结者》让他跃身好莱坞传奇人物之列。他没有受过专门的表演训练，在此之前，他只是一颗健美界冉冉升起的明星。因为在好莱坞闯出了名头，形象良好，更有出身名门、既是作家又是有名社会活动家的妻子施莱弗作为强力助臂，施瓦辛格成功从影坛转战政坛，当选加州州长。

“如果我们能想象一个更美好的世界，就让我们一起创造这个世界。”壮志未酬的施瓦辛格在卸任州长仅四个月之后，便坦诚地公开承认他与贝纳有染，并有一名私生子。接着某位旧情人就当众揭露施瓦辛格至少有13名情人，3名私生子。

令人大跌眼镜的是秘密情人贝纳没有娇媚可人的脸蛋，也没有婀娜多姿的身段，而她的身份是坚守着施瓦辛格家庭

20年的忠诚女管家。这不禁让人想起关于施瓦辛格有“丑女情结”，对相貌平庸的“丑女”情有独钟的传闻。

施瓦辛格与“女佣情人”的一段情，始于上世纪90年代晚期贝纳对施瓦辛格的热烈追求。在好莱坞影星、“欧洲先生”、模范丈夫和父亲这些头衔的光环下，贝纳对施瓦辛格的迷恋带有对模范偶像的崇拜性追逐。比起施瓦辛格的地位和金钱，贝纳更仰慕他雄健魁梧的身躯和钢铁般坚硬的肌肉，这种纯真的热忱和敬仰对自信风流的施瓦辛格而言，无疑是难以抗拒的诱惑。施瓦辛格最终难逃同在一个屋檐下的“日久生情”，沦陷在贝纳的柔情陷阱里。

虽然贝纳没有曼妙的身段，却丰腴多情。众人繁忙的白天成了他们两人安心享受欢愉的美妙时光。施莱弗外出工作后，贝纳就会迫不及待地爬上施瓦辛格的睡床，使出浑身解数把情人迷得神魂颠倒，醉卧身旁。贝纳还经常肆无忌惮地穿戴施莱弗的衣服和珠宝，俨然女主人一样在房间里搔首弄姿，百般挑逗，纵是风流成性的施瓦辛格也在贝纳的纵情勾引下丢盔弃甲。贝纳从未在施瓦辛格家过夜，因此他们的私情一直不为外人，甚至不为施莱弗所知。

贝纳蒙蔽了所有人的眼睛，她的丈夫像兄弟一样与施瓦辛格友好地相拥，施莱弗亦如姐妹般善待她。在施莱弗怀孕数天后，贝纳也同时怀孕，施莱弗不仅陪她找房子暂住，还耐心地为她解答情感难题，细心叮嘱她怀孕的注意事项。甚至施瓦辛格，也是在孩子生下后，才晴天霹雳地获知那是他的血脉，贝纳因此得到了施瓦辛格的照顾，过上了优越的生活。

这段长达10年的婚外情，最终未能瞒天过海，施莱弗还是知晓了真相，但在施瓦辛格的信誓旦旦下，施莱弗一度原谅了他。直到施莱弗再次撞见两人偷欢，一丝不挂的贝纳在匆忙中躲进

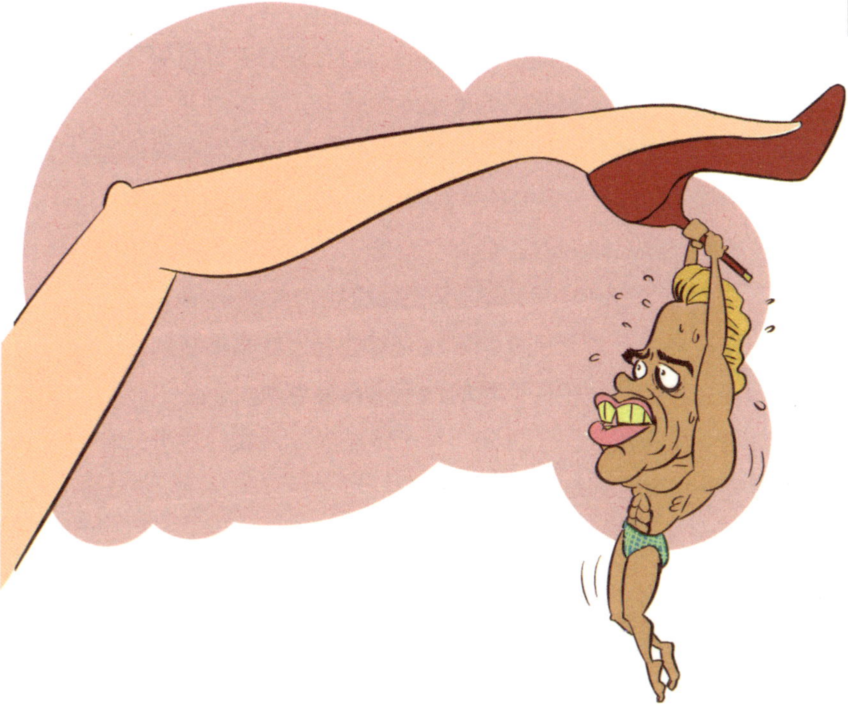

▲当男人把性当成权力的春药时，它同时也是毒药。

衣橱，大言不惭地辩称在打扫房间。至此，心灰意冷的施莱弗最终与施瓦辛格决裂，一段众人眼里的政治婚姻终于走到了尽头。

施瓦辛格自己捅破私生子事件后，又相继被曝光勾引16岁少女，与其专机上的空姐黛咪图希格纳特也有一腿，甚至和史泰龙前妻也曾有过一段地下情……关于施瓦辛格的性丑闻层出不穷，他被美国媒体戏谑地称为“泰格·伍兹第二”。看来，私家侦探评价施瓦辛格“沉溺女色，不能自拔，比肯尼迪有过之无不及”的言论并非空穴来风。

声称“我们彼此都很爱对方，我们有机会重拾感情”，并愿意“承受朋友和家庭的愤怒和失望”，承诺对其“所造成的伤害负全部责任”的施瓦辛格的忏悔，并没有获得痛彻心扉的妻子和愤怒失望的孩子们的宽恕。

桃色丑闻对政客的仕途有一定的杀伤力，可施瓦辛格早已卸任归田，虽然好莱坞是一个化尴尬为曼妙的地方，然而施瓦辛格的一系列风流韵事没有对他复出好莱坞起到化腐朽为神奇的作用，相反让他的演艺生涯戛然而止。从“终结者”到“魔鬼州长”，再到“精子终结者”，我们似乎又看到富有且聪明的男人往往有很多可能性。

【枫哥点评】

由好莱坞巨星成功变身政治明星，施瓦辛格的这一华丽转型曾举世瞩目。当他走进州长办公室时，有着满腔热情，并雄心勃勃地表示要修改宪法，以便在结束州长任期后竞选美国总统。令人叹息的是，性丑闻不仅折断了他再次腾飞的羽翼，亦葬送了他苦心经营多年的幸福生活，落得事业、家庭双双折翅的暗淡结局。

当男人把性当成权力的春药时，它同时也是毒药。

谜一样的“邦女郎”

香艳性感、身怀绝技的“邦女郎”成为众人心里定格已久的经典女间谍形象。而那些“邦女郎”更有一个引人入胜之处：“在‘007’电影中惊鸿一瞥之后，往往再难觅芳踪，给人无限的神秘感。”同样引人入胜的还有冷战期间的苏联超级美女间谍，战后蒙上了神秘的面纱。IQ162、经济学硕士、擅长英德法俄四种语言、容貌美艳、曼哈顿豪宅……这些都符合大众对间谍形象的所有幻想，红发碧眼，具有模特身材的安娜·查普曼就这样让现实版的“邦女郎”再度上演。

安娜谜一样的间谍生涯由何时开始，无可定论，可她广为人知并津津乐道的故事要追溯到她19岁那年。

那年伦敦多克兰港区举办的一次地下狂欢晚会中，青春活泼的安娜遇到了英俊帅气的亚历克斯·查普曼。两人在裙裾翩翩的舞池里一舞定情，爱情的巨大力量让他们在几个月后便携手走入婚姻的殿堂。至此安娜如愿以偿地获得了英国护照。

在安娜5年的伦敦生活里，她游历过多个国家，据说曾经向俄罗斯富豪和企业销售过飞机，还曾在巴克莱银行任职和在基金公司任IPO部门的主管。

2005年，安娜开始频繁光顾伦敦一著名的夜总会布吉斯，她与夜总会的总经理杰克·帕金森-史密斯相熟。史密斯是两位王子的“心腹知己”，布吉斯理所当然地成为两位王子经常现身的消遣之地。安娜光顾布吉斯夜总会别无他意，就是希望制造与王子的浪漫偶遇，施展其无人可以抗拒的魅力，让王子成为她的裙下之臣！

安娜试图认识和引诱王子的企图终未能得逞，归因于得知哈里王子屡次闹出绯闻的查尔斯在长达数月里严禁他们再次光顾布吉斯。

2007年，安娜在莫斯科市郊的间谍学校培训期间，收到了一份档案卷宗，主角正是英国军情六处“一把手”约翰·索威斯爵士，目的是要安娜用其号称社交女王的交际手腕渗透进索威斯爵士的生活圈子，收集各种情报。

当时索威斯任英国驻联合国大使，常居美国纽约。索威斯喜欢热闹，尤其热衷于在官邸举办豪华派对。安娜为了接近索威斯，离开伦敦前往纽约，并开始从事网络房地产业务生意。通过网络的强大力量，安娜达到了结交世界各地成功企业家的目的，除了Topshop公司老板、亿万富翁菲利普·格林爵士，传闻她还不断与股神沃伦·巴菲特有亲密来往。安娜作风高调，经常将大量旅游时的美艳照片上传网上，企图通过展示个人的美丽风姿和丰富多彩的生活来吸引更多目光。

丰姿绰约的安娜凭着得天独厚的迷人美貌和丰满身材，让年过花甲的麦克尔·拜坦甘拜石榴裙下，为她的间谍事业护航。富有而成功的拜坦是新泽西州商人，拥有雄厚的产业，经常在名人和政客圈内出没。这无疑给安娜获取情报提供了便利。

安娜通过结识名人和政客，俨然成为曼哈顿的交际花，

▲无法做到美色当前依然坐怀不乱亦是人之常情，也许安娜这位疑点重重的社交女王真的只不过是个寻找幸福生活的平凡女人。

她利用构建的庞大交际网窃取机密情报，每周三就会通过秘密无线网络与素未谋面的同伙交换数据。譬如，安娜像普通客人般随意进入咖啡馆，打开手提电脑上网，而此时一辆货车悄然驶到咖啡馆外的路边，车内的接头人和安娜正是这样通过计算机私人网络互通信息。然后再通过隐形墨水、短波电台、摩斯密码及咖啡馆wifi将获取到的重要情报源源不断地送达俄罗斯。

最终安娜在美国联邦调查局的“钓鱼执行”中落网。关于她的各种“性绯闻”报道也纷至沓来，安娜一夜成名，成为国际焦点。她的过往也备受争议，据说她当初只是奈特捷公司的一位普通文书职员，并未曾在巴克莱银行任职。关于她的其他阅历也像谜一样无法证明。据说英国军情五处官员对安娜色诱王子事件展开紧急调查，当时是否有安全漏洞，而安娜是否混入索威斯的核心社交圈亦无法定论。

有报道称，安娜的朋友和前夫分别评价其为“伶俐到骨子里的商人”和“她的智商高达162，可以应付很多工作，并最终获得成功”。但一位曾与安娜在鸡尾酒会上数次相逢的金融家说，安娜为人高调而喜欢调情，但似乎并不伶俐。“她每次说的话都有分歧。先说运营房地产网站，后又说在做石油生意。我问她问题，她却不晓得我在说什么。她挺笨的，老实说，她不可能是间谍头目，可能只是个想在美国寻找幸福生活的平凡女人……”

【枫哥点评】

安娜的乍现让安享太平的人们一度慌乱，仿佛间谍时代并未走远，而国家纷争、军队对峙这样的血腥场面更让人胆战心惊。与其相信安娜因世人对其本人的众说纷纭和对其间谍生涯的捕风捉影而变得扑朔迷离的百变身份，我们更愿意相信，无法做到美色当前依然坐怀不乱亦是人之常情，也许安娜这位疑点重重的社交女王真的只不过是个寻找幸福生活的平凡女人。

广告女郎背后的美男计

作为一个正常的中年单身男人，英国驻俄外交官哈德逊有正常的性需求，他选择的解决办法是逛妓院。不知哈德逊有没有看过好莱坞大片《楚门的世界》，否则应该会小心谨慎很多。

在俄罗斯，色情交易虽不能说完全合法，但也是光明正大。不止一次光临这家老相好房间的哈德逊，进去后就把全身脱得个精光。很快一个妙龄女郎走了过来，递给他一个装着香槟的玻璃杯。哈德逊对妙龄女郎表示感谢，重重亲吻了她。两人一阵纠缠。

这时候，又有一名女孩子走进房间，坐到了哈德逊的膝盖上。没多久，两名年轻女郎脱得只剩下内衣裤，三人一边调情，一边痛饮香槟酒。酒正是助性的好工具，哈德逊明显有了冲动，拉着两名女郎走进卧室。三人赤身裸体躺在床上……

一切都是流水式的作业。出门后，哈德逊甚至在想，是不是要换个地方什么的。不过他肯定没想到自己的这一切被人录制下来了。当哈德逊看到上面的视频时，差点崩溃了。职业敏感性让他察觉，把偷拍搞成自拍一样，这绝对是个技术活，或许只有专业的特工人员才能做到。

虽然如此，哈德逊还是抱着渺茫的希望，希望对方只是普通的勒索。

第二天，哈德逊接到对方的电话，才知道自己确实堕入了俄罗斯情报机构设下的“美人计”陷阱，其目的就是对他进行敲诈，逼迫他沦为一名“双面间谍”。

对方留给哈德逊的时间并不多，那几天哈德逊真正体会到了什么叫度日如年。虽然知道如果自己拒绝对方的要求，这一辈子可能就此毁了，但哈德逊最终没有选择“就范”。在说出这个“不”之前，哈德逊早已联系了英国的军情六处，希望能够得到帮助。不过对方对自己的拒绝显然老羞成怒，俄罗斯的网站很快出现了哈德逊的这段四分多钟的性爱视频。几天后，已经辞职的哈德逊“大红大紫”，成了轰动英国的“政治色星”。

黯然回国的哈德逊终于想起培训教材上的一些经验教训：“俄罗斯情报机构利用性爱录像和性爱照片来对他们的目标进行敲诈勒索，可说具有悠久的历史。甚至连英国前战争大臣都没放过……”

鉴于哈德逊的身份、地位和影响力，这段政治性丑闻相比前战争大臣约翰·普洛弗莫的广告女郎事件，简直是小巫见大巫。后者可是号称英国20世纪第一政治性丑闻。

普洛弗莫时期，正是美苏两大阵营的冷战时期，为了打击甚至消灭对方，双方不惜动用武力，甚至差点使用了核武器。然而极端的军事行动对势均力敌的双方来说，并不是最好的办法。这是特工大显身手的最好年代，冷战期间，两大阵容的间谍各出奇招，双面谍不足为奇，三面谍都曾出现过。某些时候，一个间谍的力量，堪比一支军队。

枫哥品性之一

性与政治

▲搞臭一个政治人物的名誉，性丑闻是最有效的手段。

普洛弗莫就在这个时候，走入苏联间谍的视线中。女人，永远是对付男人最好的工具，尤其是年轻漂亮的女人。然而，就此步入主题，那也上不了经典的间谍教材。

苏联这次出面的间谍可是个大男人，这个男人主动认识了一个叫克里斯汀·奇勒的广告女郎。奇勒美艳大方，性格火辣热情，很快与苏联间谍发生了不正当的男女关系。两人打得火热，郎情妾意。不知内情的人，看到这一幕还会羡慕呢。没人能够看出这里面的猫腻，苏联间谍很快有意无意背后推动，让普洛弗莫认识了克里斯汀·奇勒。

这个时候，剧情才开始步入高潮。普洛弗莫与克里斯汀·奇勒发生了婚外情。按照当时普洛弗莫的实力和小心谨慎的态度，普通老百姓是不可能知道他们间的蛛丝马迹的。爆料人很快“主动”站了出来，向媒体报告了这一桩政治名人的性丑闻。爆料人的身份，应该不难猜出吧。

普洛弗莫一开始死不承认，在舆论的巨大压力下，最终不得不承认与女郎奇勒的不光彩事，带着无奈又有几分悲凉的情绪毅然请辞了。这起性丑闻也变成了引发当时英国政府变动的一根导火线，数月之后，被连带殃及的时任英国首相麦克米伦也无奈辞职了。

【枫哥点评】

政客的性丑闻之所以能够吸引公众和媒体注意力，因为普通老百姓对这些大人物的性品德要求比对自己要高很多。搞臭一个政治人物的名誉，性丑闻是最有效的手段。当然，政客们也不是傻子，所以在性方面是小心又小心，唯恐掉下万丈深渊。所以这个用男人对付女人再用女人对付男人的手段，算是一个妙招了。

浴袍闷死“首相梦”

东方日本的香艳AV女郎闻名世界，令无数男人垂涎三尺。但就是在这样一个性文化发达、性生活开放的国度里，政治人物却鲜有性丑闻。根据日本政坛以往的经验，政治人物一旦性丑闻被曝光，将会是自掘坟墓。

2010年，68岁的小泽一郎因深陷与女下属的桃色性绯闻而十分痛苦，他没有料到与45岁的美女爱将青木爱的一次“秘密幽会”竟为他的仕途敲响了丧钟。他一直被人号称是日本政坛的“破坏王”，之前一直喜欢“垂帘听政”。2010年5月，时任民主党干事长的他由于深陷政治资金丑闻与鸠山由纪夫首相一并辞职。卸任后，他对外一直低调做人，以图东山再起，直至8月26日，他才再次出山，宣布竞选民主党党首。没有人想到，就在他宣布参选前几天，他在京都一家旅馆与他的爱将青木爱的“秘密幽会”情景被人偷拍了。

此时的小泽一郎正陷入无限的懊悔中，感叹：“遥想当年意气风发，再看今朝风雨交加。”但是“常在河边走，哪有不湿鞋”，他每天都与一群性感美丽的下属议员打交道，是个正常男人都会经不住这种诱惑。他深知自己是一个完美主义者，对“美”总有一种特别的向往和追求，他无法忍受和一群平庸的丑女共事。当权力不受约束的时候，权力就为美色开辟了道路。

2009年夏天他亲点了一批性感“小泽女孩”进入国会，清纯美丽的青木爱是“小泽女孩军团”中最耀眼的一位，她小小泽23岁，曾当过歌手，又是前参议院议员，在日本具有较高的知名度，是家喻户晓的明星。进入国会后，青木爱也没有令小泽一郎失望，不仅绯闻少，工作也很出色，他自然是十分喜欢这个多才多艺、聪明能干的美丽爱将。2009年，她就被小泽一郎提拔为副干事长。相比起青木爱，其他几个“小泽女孩”就相形见绌，进入国会后，她们常常遭到“不用功”“不在状态”的批评。其中的国会助理田中美绘子甚至还被媒体爆料曾露点拍过三级片，撰写过关于应召女郎接客的色情专栏。

小泽一郎与青木爱的性丑闻并不是空穴来风，实际上青木爱一度长期担任小泽一郎事务所的秘书，与小泽一郎关系“非同寻常”。小泽一郎为人低调，平时即使是亲信也很难与他说上话，而青木爱无论是在私下还是在公开场合都可以堂而皇之地与小泽一郎密切交往。

至于与青木爱的那次“秘密幽会”到底是怎么被人偷拍的，小泽一郎百思不得其解。只记得当时他在位于京都木屋町的一家餐馆兼旅馆的二楼包厢内举办了一场宴会，与会者离去后，穿着套装的青木爱进入了他的房间，她站到阳台上眺望风景，而他只是站在她背后，两人有说有笑地聊了一会……过了不久，她穿着一件浴袍走了出来，他牵起了她那洁白的玉手，她的神情轻松愉快……他怎么也没想到，这一情景恰被河对岸拍摄宴会的电视台不知是有意还是无意地捕

▲一件浴袍或许就这样闷死了小泽的“首相梦”。

捉到了。两人后来到底是如何度过那一夜的，只有当事人最清楚，留给人们的是无尽的遐想。

当丑闻还未澄清时，日本著名的八卦杂志《周刊新潮》就把焦点放在青木爱的“秘密恋情”上，不惜挖空心思去探寻青木爱的那些见不得人的秘密丑闻。他们搜到了与青木爱频繁约会的“男主角”，但令人可笑的是这个“男主角”并不是小泽一郎，而是小泽手下一名已婚的秘书。或许小泽一郎也没想到，青木爱还和自己的秘书有一腿。

小泽在宣布参选的节骨眼上约会女下属曝出性丑闻，无疑给他的对手增加了竞选筹码，可怜的小泽一郎最终竞选失利，也许就是那一件浴袍闷死了他的“首相梦”。真可惜呀！说到底，还是一句老话：男人在关键时刻不能掉裤链子。

【枫哥点评】

即便日本被认为是一个具有“政治洁癖”的国度，花边与政治也仍然是剪不断，理还乱。“情色丑闻是左右政治的一个重要因素，但不是决定因素。”决定政治家命运的是卓越的执政能力和诚实公正的道德品质，而不是情色丑闻。性丑闻是政治斗争的重要手段，它是一把双刃剑，既可以成为竞选中拉票的工具，也可以成为葬送政治生命的利剑。政治人物喜欢美色并不是一种错误，唯一的边界就是不损害公正和公共利益。舆论的“窥探”多少显得有些阴暗，但政治人物管好自己的裤腰带很有必要。

“江山稳固”的风流总理

“肉欲的激情总是渴望得到满足，它胃口甚大，它会把你带坏，它信马由缰。” 法国作家萨德侯爵留下的这段话，是对欧洲那个情人、情妇泛滥的疯狂时代的缩写。然而，在时隔几个世纪的今天，这段话送给意大利总理西尔维奥·贝卢斯科尼，恐怕是一点也不夸张。

提到贝卢斯科尼，恐怕是个男人就要羡慕地夸上一句“人生赢家”。他出生于一个中产阶级家庭，从小不愁吃穿。中学时期，他的经商天赋就显现出来，经常为同学补课，赚点小钱花花。进入米兰大学后，他又和同学组建了一支小乐队，靠演出赚外快。毕业后的数十年中，他做过建筑商，从事过传媒业，创办过电视台，发行过杂志，投资过足球队……1994年，他突然觉得想找个新领域发挥一下，灵光一闪，他想到了一条新路子——从政。说干就干，老贝创建了意大利力量党，开始向政坛进军。这一进军，就闯出了名堂。如今，老贝步入政坛几十年，连任三届意大利总理。他屡屡被媒体披露各种风流韵事，光是绯闻女友就有不下16个，可始终“稳坐江山”，不曾被桃色新闻扳倒，这是何等

▲对于政坛上的男人来说，如果有能力，性的丑闻便成了点缀；如果没有能力，性的丑闻便成为了攻击他的炸弹。

厉害！

贝卢斯科尼风流成性，先后有过两次婚姻，生了五个孩子。可惜墙里的红旗再怎么坚挺，也抵不住墙外的彩旗迎风招展，忍无可忍之下，这两个妻子都选择了离婚。不但如此，老贝的第二任妻子拉里奥还公开指责他患有“性上瘾症”。这个“性上瘾症”是什么呢？它倒不是贝卢斯科尼的妻子随意杜撰出来的，而是真实存在的精神疾病。这种病的患者持续地渴望性生活，并且频繁更换性伴侣。病名虽然听着奇特，但也不是没有“曝光率”，我国历史上有名的才子纪晓岚就有“日御数女”的名声。他被乾隆皇帝派去修《四库全书》时，几天没碰女人，“两睛暴赤，颧红如火”，还是皇帝贴心，问明缘由，指派了两个宫女给他，解了这“燃眉之急”。这么看来，纪晓岚恐怕也是贝卢斯科尼的“病友”了。

贝卢斯科尼的艳史在意大利几乎是人尽皆知。42岁的三陪女郎达达里奥讲述过他们之间的一度春风，盛赞老贝“精力比某些年轻人还好”。他在撒丁岛别墅中举办的裸体派对也被曝光，现场玉体横陈，年轻貌美的模特们竞相争艳。作为意大利首富，老贝出手不凡，一掷千金，参加18岁内衣模特的生日宴会时送上了钻石项链，只为博美人一笑。

老贝的嘴巴也是出名的灾难制造机，没人知道，他上下嘴唇一碰，能惹出多少祸事来。为了拉投资，他对华尔街的投资商说“意大利有世界上最漂亮的女秘书”。他力撑过4位毫无从政经验的美女参选内阁部长。其中，曾经的裸模、主持人玛拉·卡尔法尼亚被他大献殷勤。老贝甚至在摄像头面前对她说：“如果我还未婚，我一定会娶你。”——这次大胆的示爱换来的是他第二任妻子要求他公开向自己道歉。即使在视察地震灾区时，老贝也不忘发掘美人，他竟恭维一名女医生说："看见你，死人也会活过来。"

尽管贝卢斯科尼上任后屡经风雨而不倒，可这一回，他惹大麻烦了。今年4月，有人爆料，老贝在他的私人别墅里包养了40多名年轻女性，里面可谓春色盎然。按理说，老贝作为一个70多岁的老光棍，和多少个女人共度春宵，无可厚非。可偏偏这里面有一位肚皮舞娘鲁比——这位身材火辣的少女与老贝多次共赴云雨，据调查，他们第一次发生关系时鲁比只有17岁。这可捅了大娄子——意大利法律规定，和18岁以下女性发生性关系属于犯罪。老贝的麻烦可不止这些，他还涉嫌滥用权力包庇鲁比的盗窃罪。对此他做了一个非常特别的解释：他以为鲁比是埃及前总统穆巴拉克的孙女，他不过是为了"帮助急需帮助的人"。

贝卢斯科尼艳史颇丰，却连任三届总理而不被丑闻击倒，不知道这一次他是否能躲过呢？一向"江山稳固"的总理会不会"江山难保"？还是让我们拭目以待吧。

【枫哥点评】

以"性感政治"著称、花边新闻颇多的意大利总理贝卢斯科尼尽管桃色新闻不断，却从未栽倒。也许是许多政客羡慕的对象，却不是政客们模仿的对象。贝卢斯科尼能够屹立不倒，不是运气使然，而是因为他确实有着令人信服的执政能力。无论是白手起家，还是自建党派，都足以体现他滑稽的事迹背后卓越的才能。对于政坛上的男人来说，如果有能力，性的丑闻便成了点缀；如果没有能力，性的丑闻便成为了攻击他的炸弹。